T0278625

*Joseph Ratzinger*

JOSÉ MARÍA CARABANTE

# JOSEPH RATZINGER

*El Papa de la razón, una introducción
al pensamiento de Benedicto XVI*

SEKOTIA

© José María Carabante, 2024
© Editorial Almuzara, s.l., 2024

Primera edición: marzo de 2024

Sekotia • Colección Reflejos de Actualidad
Editor: Humberto Pérez-Tomé Román

www.sekotia.com
pedidos@almuzaralibros.com - info@almuzaralibros.com

Editorial Almuzara
Parque Logístico de Córdoba. Ctra. Palma del Río, km 4
C/8, Nave L2, nº 3. 14005 - Córdoba

Imprime: Gráficas La Paz
ISBN: 978-84-19979-16-2
Depósito: CO-263-2024
Hecho e impreso en España - *Made and printed in Spain*

# ÍNDICE

*Para Belén, Teresa y Marta, como siempre.*

# INTRODUCCIÓN

La muerte de un pensador —de un filósofo o, en este caso, de un teólogo, lo mismo da— deja un hueco. El vacío de la orfandad, podríamos decir, es siempre grande, pero llega a infinito cuando el que abandona el barco ha abierto horizontes resplandecientes. Se esté o no de acuerdo con el legado de Ratzinger, pocos dudan de que holló con gravedad y sencillez el terreno del pensamiento, dejando huellas que orientan a los que venimos después.

Lo que aquí se propone no es un resumen de sus aportaciones, aunque no cabe duda de que en las páginas que siguen se pueden entresacar los motivos e intereses que guiaron su trayectoria. Nos interesa, sobre todo, señalar aquel aspecto —el crucial para nosotros de quien fue Benedicto XVI— en el que razón y fe se hermanan, como si fueran dos manos —o cuerpos— que se entrelazan. De ese abrazo, nos alecciona el sabio alemán, dependen muchas cosas. Ciertamente, cabría pensar que su lectura de la naturaleza de la razón resulta interesada, como si concediera demasiado a la fe. Pero una mirada atenta descubre todo lo contrario: que nosotros, que estamos ahítos de razón —empachados de un modelo parcial de ella, para ser más exactos— lo que precisamos es creer.

Ratzinger propuso ensanchar las fronteras de la racionalidad, pero no tanto para ubicar en sus predios la fe como para tratar sus dolencias. Sin oxigenar esa capacidad que quiso donar Dios al ser humano, no hay modo alguno de descubrir al creador, eso es evidente. Ahora bien, tampoco encontraríamos puentes para conversar o preocuparnos por el otro. ¿Acaso valdría la pena un universo sin razón, sin logos, sin palabra? ¿No sería la realidad, entonces, opaca y el planeta una oquedad silenciosa y fría?

La suerte de la razón para nosotros, que somos hijos del cristianismo, depende de esa fe nacida, hace dos siglos, en un desértico rincón de Palestina. Ahondar en las cuadernas de esta civilización, en todo lo que ha sostenido durante milenios su vitalidad, es más necesario que nunca. Quizá no avistemos a los bárbaros porque ya lo somos. De ahí que necesitemos airear nuestros cuartos y confiar de nuevo en aquello que no es la razón, si no a lo que esta apunta. El acicate para cambiar la situación —nos dice Benedicto XVI— es el compromiso de la religión cristiana con los vientos que soplaban en Atenas. Eso no solo transformó el mundo y universalizó el mensaje, sino que nos dotó de nuestra idiosincrasia.

Ratzinger fue el Papa de la razón, el adalid de la verdad en tiempos convulsos. Vivió las principales tensiones del siglo XX, que no son pocas, y advirtió, con su mirada límpida, los estertores en que la verdad, cada vez más escuálida, cada vez más anémica, se debatía. Sin verdad, el ser humano no puede vivir y perece, como lo hacen las plantas cuando escasea el agua. Y él se propuso acercar la fuente para católicos y creyentes, para quienes tienen otra religión o están lejos de Dios, sin distinciones.

Su querida obsesión por la verdad, que se palpa en su juventud y se manifiesta en sus últimas intervenciones públicas, ya retirado, lo convierten en una especie de mártir. Sabemos que el término se aplica a quienes se convierten en testigos valientes de lo que creen. Fuera o no cruento, su testimonio no admite duda: él lo vivió con la paz espiritual que acostumbraba y es incuestionable que su actitud le acarreó el castigo de los medios. Revísense las hemerotecas: quizá no se encuentren personalidades tan mal paradas como este sabio de pelo blanco como la nieve. Tan injustamente mal paradas.

Partimos, en esta singladura que proponemos, de su figura, ofreciendo un análisis biográfico en el que se transparenta ya su vocación por la verdad. Las facetas de su vida —pastor, teólogo, profesor— nunca contendieron; es más, se unen en su preocupación constante por defender la racionalidad y la fe. Tras esa primera escala, pasamos a revisar cuál es el vínculo —la ligazón inmanente— entre cristianismo y razón. Este es el principal hallazgo de este ensayo y las ideas que contienen se van desplegando, como un mapa orientador, a lo largo de los sucesivos capítulos. En el tercero, abordamos la concepción filosófica de Dios y lo que la distingue de la teológica para, a continuación, ofrecer una historia de la razón desde parámetros ratzingerianos. Si en el quinto capítulo aludimos a los bienes que desaparecen como consecuencia del eclipse de Dios y de la verdad, en el sexto se propone una verdadera Ilustración: frente al secularismo, la idea de fondo es que la fe puede servir para adecentar y expandir nuestra razón. Antes de hablar de la esperanza y de la persona, como encarnación de la verdad, perfilamos los contornos de su conversación con Habermas, un evento trascendental que todavía hoy necesitamos revisar.

Como se verá, no hay gran aparato crítico. El objetivo es introducir poco a poco al lector en esa gran sinfonía que compuso Benedicto XVI, apuntando algunas obras de referencia que le servirán para ahondar por sí mismo en su cueva de tesoros. Bibliografía hay suficiente, tanta que puede llegar a indigestar. Lo que se propone aquí es una introducción —más filosófica— a su producción, atenta principalmente a la conversación que mantuvo con la cultura de su tiempo, de nuestro tiempo.

Si buscamos en Ratzinger estímulo para repensar la contemporaneidad, es porque él no se dirigió solo a los cristianos.

Como católico, tenía preocupaciones universales y suficiente intuición como para proponer un diagnóstico claro de lo que ocurre hoy. No llegó a ver las nuevas mareas, pero con su inteligencia nos brinda ayuda para capear el oleaje de lo *woke*, el relativismo y la cancelación. Ahora bien, como pastor, como sacerdote, como Papa, la suya no era una vocación que buscara encaramarse hasta las montañas de la abstracción. Le inquietaba la suerte del hombre, los descaminos que había tomado y deseaba orientarlo hacia el verdadero origen del sentido, para lo cual nada mejor que contar con ese mapa que es la razón ampliada y que desemboca, necesariamente, en quien es razón absoluta, o sea, Dios.

# Benedicto XVI o el compromiso con la razón

Joseph Ratzinger fue elegido pontífice en 2005, tras haber colaborado durante varias décadas con su antecesor, san Juan Pablo II. Acostumbrados a verle en los pasillos vaticanos, saludando a jefes de Estado y a personalidades de la cultura, quizá hayamos pasado por alto que el Prefecto alemán —humilde e inteligente— no se sentía cómodo en esos fastuosos lugares. Antes de ocupar la silla de Pedro, había comunicado varias veces al Papa su deseo de dejar la Congregación, su voluntad de servir a Dios y a la Iglesia con el arma de los libros para la Doctrina de la Fe, incluso aunque fuera recluido en la infinita biblioteca vaticana. Pero san Juan Pablo II le pidió que continuara cerca de él y Ratzinger se mantuvo fiel.

## EN LA VIÑA DEL SEÑOR

La vida de Ratzinger no estuvo marcada por la ambición, sino por su deseo de servir a Dios y responder con generosidad a la vocación sacerdotal. Es su comprensión del ministerio lo que dota de coherencia a su biografía, desde la entrada al seminario, en los años cuarenta del pasado siglo, hasta su elección como sucesor de san Pedro, cuando se presenta en el balcón de la plaza homónima como un «humilde trabajador en la viña del Señor». A pesar de sus dotes intelectuales y su propia inclinación por la docencia y la investigación, siempre fue consciente de que, ordenándose sacerdote y respondiendo a los que creía que eran los designios de Dios, estaba aceptando la posibilidad de formas de servir más sencillas, como párroco, por ejemplo, siempre que fuera necesario.

Partiendo de su docilidad, existen en la vida de quien fuera Benedicto XVI tres dimensiones estrechamente unidas. Primero, la dimensión de pastor, enraizada en su experiencia sacerdotal y episcopal, pero vinculada también a la segunda de ellas, la dimensión teológica. En esta será importante la experiencia conciliar, además de sus propias aspiraciones científicas, pero en su investigación no perdió jamás de vista que la teología no era el campo para realizar reflexiones abstractas o para cultivar inventivas, sino que sabía que en esa disciplina la verdad posee una naturaleza vivencial y eclesial irrenunciable. Por último, está su profesión docente.

Estas dimensiones se unen en su propia comprensión de la fe, que experimenta como el acontecimiento decisivo de la existencia: «Lo esencial incluso del mismo Jesucristo no es que haya divulgado unas ideas —cosa que, por cierto, hizo—, lo realmente importante es que "yo soy cristiano porque creo que eso ha acontecido". Dios vino al mundo y ha actuado; por tanto, se trata de una acción, de una realidad, no solo de un conjunto de ideas», explicó en una entrevista con Peter Seewald[1].

La fe —profunda, pero no exenta de dudas— se une a otro de los valores orientadores de su vida: la verdad. Su lema episcopal («cooperatores veritatis», cooperadores de la verdad) no permite albergar sospechas del puesto que esta ocupaba en su jerarquía de valores. Pero no entendía la verdad como un concepto meramente teórico, sino en toda su complejidad, lo cual, con la fe, condiciona su trayectoria. Porque el pastor ilustra al pueblo en la

---

1    J. Ratzinger, *La sal de la tierra*, Palabra, Madrid, 1997, p. 23.

verdad; el profesor la descubre a los alumnos y el teólogo profundiza en la revelación. También fe y verdad se unen, ya que ambas se presentan como una llamada y exigen humildad, compromiso y obediencia. Al hilo de ello, Benedicto XVI interpretó su vocación como «apasionante aventura de la razón», como recordaba en un texto:

> Como lema episcopal escogí dos palabras de la tercera epístola de san Juan: «colaborador de la verdad», ante todo porque me parecía que podían expresar bien la continuidad entre mi anterior tarea [la de teólogo] y el nuevo cargo; ya que —con todas las diferencias que se quiera— se trataba y se trata siempre de lo mismo: seguir a la verdad, ponerse a su servicio[2].

## PRIMERO, PASTOR

Tras su ordenación sacerdotal, en 1951, Ratzinger recibió su primer encargo diocesano: fue nombrado coadjutor en la parroquia de la Preciosísima Sangre de Cristo de Múnich. A pesar de haber estado allí por un período muy corto de tiempo —un año más tarde comenzó su carrera docente en el seminario de Frisinga—, se trató de una experiencia totalmente decisiva: su contacto con niños y jóvenes le obligó a realizar un esfuerzo intelectual con el fin de ser comprendido en su labor catequética.

Pasados los años, todavía recordaba con cariño su primera tarea pastoral, que dejó una importante huella en su pensamiento: además de haber destacado siempre por su claridad expositiva, Ratzinger estaba muy lejos de creerse superior o de pertenecer a una élite distinguida, distinta de la del resto de los

---

2    J. Ratzinger, *Mi vida*, Encuentro, Madrid, 2013, p. 130.

mortales; pensaba, en contra, que el intelectual se debe caracterizar por su sencillez y tener en cuenta el «saber común». Incluso en la teología afirmó «la primacía de la sencillez», hasta el punto de decir que, frente a una teología cada vez más especializada y abstrusa, la fe bautismal ha de ser la medida. Porque, como veremos, la fe ha de estar siempre antes que la teología y la revelación, que el pensar.

Aunque algunos han negado la vocación «pastoral» de Benedicto XVI, lo cierto es que, tal y como confesó en sus memorias, cuando se le abrió la posibilidad de dedicarse a la docencia y la investigación, tuvo sus dudas. Además de su vivo compromiso con el sacerdocio, la dimensión pastoral de su trayectoria se concreta en otros hitos. Por ejemplo, hay que tener en cuenta que siempre combinó sus obligaciones docentes e intelectuales con la predicación, tanto en la universidad como durante sus años de trabajo en la Santa Sede. Fruto de ellos son algunos de sus libros y ensayos en los que se recogen homilías o textos de índole espiritual. Por otro lado, no se negó nunca a colaborar en ese tipo de tareas; se sabe que fue asesor de los obispos alemanes.

Como pastor e intelectual al servicio de la Iglesia, hay que destacar su participación en el Concilio Vaticano II, tanto en la etapa preparatoria del mismo (1960), en calidad de colaborador del cardenal Frings, como durante su desarrollo, ayudando en la redacción de la Constitución Dogmática sobre la Iglesia, *Lumen gentium*. La citada Constitución, de hecho, pone de relieve la vinculación consustancial entre la Iglesia y el misterio de Cristo, una de las cuestiones centrales de su eclesiología.

En 1977, Joseph Ratzinger fue consagrado Obispo de Múnich y Frisinga y, unos meses más tarde, nombrado cardenal. La situación de la Iglesia, especialmente en Alemania, así como los urgentes y complicados problemas de la época —la influencia del marxismo en la teología, la crisis de valores provocada por el Mayo del 68[3], la interpretación rupturista del Concilio, etc.—, hacían aconsejable un obispo teólogo y Ratzinger aceptó desempeñar ese papel. Asimismo, puede entenderse como pastoral, en la medida en que resulta ser fruto de su actitud de servicio, su labor como Prefecto de la Congregación para la Doctrina de la Fe, un cargo en el que permanecerá desde 1981 hasta su elección como Romano Pontífice en 2005.

Un hecho importante durante sus años al frente del famoso dicasterio fue la aprobación del Catecismo de la Iglesia Católica en 1997, en el que se expone el contenido de la fe y que posee una finalidad catequética innegable. Pero su vocación pastoral se puso de manifiesto con mayor claridad en su llegada al pontificado y hasta su muerte, pues incluso como Papa emérito, retirado de la esfera pública, siguió predicando cada semana a la comunidad con la que vivía.

## LUEGO, TEÓLOGO

Nada, sin embargo, puede compararse con la inclinación personal que ha sentido Ratzinger hacia la teología, ámbito en el que destacó desde que en 1952 aceptara hacerse cargo del área de Teología Dogmática en el Seminario de Frisinga, después de obtener un premio de la facultad de teología de Múnich por un trabajo sobre san Agustín. Un año más tarde, en 1953, recibió el doctorado por una tesis sobre el Obispo de Hipona, una figura muy influyente en su vida. Su investigación para la Habilitación no tuvo el resultado esperado por un desencuentro con uno de los teólogos más célebres del momento, Michael Schmaus, pero salvó el trámite centrando su trabajo, que inicialmente versaba sobre la revelación en San Buenaventura, en la exposición de la teología de la historia del Doctor Seráfico. Se

---

3    J. M. Carabante, *Mayo del 68*, Rialp, Madrid, 2018.

trata, en cualquier caso, de un texto indispensable para conocer el marco teológico en el que se movió, así como su interés por ahondar en los lazos entre historia y verdad revelada.

En términos teológicos, Ratzinger fue un renovador, aunque siempre dentro de un escrupuloso respeto por el magisterio. Reivindicó, frente a una teología demasiado sistematizada y encerrada en sí misma, corrientes teológicas que se miraban en la época con recelo, y por ello fue un adelantado. Su impronta más innovadora se percibe en muchas de las declaraciones conciliares, en las que participó activamente. Tenía, pues, un modo de hacer teología que hacía uso de los movimientos renovadores en ámbitos como la Biblia o la patrística, y siguió a pensadores como Yves Congar, Henri de Lubac o Hans von Balthasar, entre otros. A diferencia de una teología más deductiva, el enfoque de Ratzinger partía de la problemática existencial del hombre y era de naturaleza esencialmente exegética. «Ratzinger —comenta uno de los principales especialistas en su obra, P. Blanco, a quien seguimos muy de cerca— ha ofrecido una clara síntesis teológica que se fundamenta en la Biblia y en los Padres, a la vez que quiere dialogar con la cultura actual»[4].

Sería erróneo hablar, como han hecho algunos, de un «Ratzinger progresista». Es verdad que él, como joven teólogo, no tenía reparos en señalar la inadecuación de la teología del momento para entablar un diálogo fructífero con la sociedad, la cultura y, en definitiva, el hombre de su tiempo, pero también se dio cuenta de que las reformas conciliares eran positivas. No es verdad tampoco que en su trayectoria se diera una ruptura o transformación y que hubiera un Ratzinger revolucionario antes y uno reaccionario después, tras asumir los encargos en el Vaticano. No hubo transición alguna; lo que sucedió es que,

---

4   P. Blanco, *Joseph Ratzinger. Razón y cristianismo*, Rialp, Madrid, 2005, p. 230.

en el marco de las revoluciones estudiantiles de los sesenta, se dio cuenta de que se infiltraban en la teología determinadas ideologías políticas y, en concreto, el marxismo.

En ese contexto, se opuso a corrientes de moda como la «teología política» de Johann Baptist Metz o la «teología de la esperanza» del teólogo protestante Jürgen Moltmann, que convertían el cristianismo en un instrumento de lucha política. Para mostrar lo que decimos, puede ser bueno recordar lo ocurrido con *Concilium*, una revista académica. En 1965, en el marco del Concilio Vaticano II, algunos de los teólogos más célebres de la época se reunieron para poner en marcha esa publicación y contar con un foro de discusión. Ratzinger no dudó en sumarse a la empresa, creada para difundir y ahondar en la experiencia conciliar, y participó en su primer número. Pero pronto se dio cuenta de que poseía una marcada línea ideológica y que se pretendía convertir en una «especie de concilio permanente de teólogos». A causa de ello, un poco después y con la ayuda de Von Balthasar, De Lubac y algunos otros que se habían distanciado de *Concilium*, crearon *Communio*, un proyecto editorial basado en la idea de «comunión» en la fe y los sacramentos y que aspiraba a influir no solo en el debate teológico, sino también cultural. Ambas se siguen publicando hoy día.

Pero Ratzinger ejercerá su labor teológica no solo desde la cátedra; también, en su caso, el púlpito le anima a la reflexión sobre los misterios de la fe, uniendo de modo singular la predicación y la profundización en las verdades reveladas. Eso explica que ni siquiera durante los cinco años que pasó como obispo de Múnich, se apartara de la investigación. Asimismo, solo aceptó el nombramiento de Prefecto de la Congregación para la Doctrina de la fe cuando Juan Pablo II le aseguró que era compatible con la publicación de sus opiniones teológicas. También fue presidente de la Comisión Teológica Internacional y no hay duda de que la decisión para situarle al frente de la defensa de la fe contribuyó a elevar el nivel teológico de curia, algo necesario teniendo en cuenta el complejo contexto cultural y social de la última parte del siglo XX. Como intelectual, siempre fue una personalidad muy respetada.

Siguiendo la tradición de san Agustín, su teología se preocupó de la fe con el fin de comprender (*credo ut intelligam*). De ahí arranca su concepción de la racionalidad y su constatación de que el modelo moderno resulta insuficiente. La fe es verdad y es esta inclinación lo que liga a la religión con la racionalidad. La teología de Ratzinger es, al mismo tiempo, una teología amplia, pues la reflexión sobre los misterios de la fe «abre el acceso a un recto conocimiento de la propia vida, del mundo y de los hombres»[5]. Partiendo de esta concepción positiva, en la medida en que la creencia posibilita el acto de comprender, las verdades cristianas aparecen como sendas que encaminan al hombre hacia una mayor profundización y, por tanto, a su plenitud.

El prestigio de Ratzinger, sin embargo, no se debe a la voluntad de destacar o singularizarse. Si abrió caminos en la teología, fue siempre convencido de que lo relevante era la tradición. Nunca tuvo la pretensión de crear un sistema personal ni se preocupó por la novedad de sus interpretaciones. Su teología se basaba en una humilde interpretación de las cuestiones a partir de la lectura y el estudio atento de los grandes «pensadores de la fe». «Yo no hago una teología aislada; intento hacer una teología lo más amplia posible y siempre abierta a otras formas de pensamiento dentro de una misma fe», advirtió[6]. Siguió, por tanto, el surco de los maestros de la teología, como san Agustín o santo Tomás, que no pretendieron la celebridad personal ni se propusieron ser transformadores, pero que revitalizaron la

---

5    J. Ratzinger, *La sal de la tierra, op. cit.*, p. 29.
6    *Ibidem*, p. 32.

teología y la filosofía de su tiempo justamente por su fidelidad al mensaje revelado.

Pero ¿cuáles son los principales temas de los que se ocupó en su trabajo como teólogo? Espigando en su obra, se puede decir que fueron el ecumenismo, la relación entre fe y razón, la escatología, la liturgia, la creación y el diálogo entre el cristianismo y el mundo contemporáneo. Aunque muchos de ellos los veremos más detenidamente a lo largo de este ensayo, conviene aludir, brevemente y a modo de introducción, a cada uno por separado.

En primer lugar, el ecumenismo. Para Ratzinger, este está relacionado con la posibilidad del diálogo y presupone la existencia de la verdad. Todo lo que sugirió sobre el encuentro interreligioso es muy relevante y no hay duda de que lo será en el futuro, a medida que se intensifica la configuración multicultural de nuestras sociedades. Lo decisivo es que, para él, no todas las religiones son iguales; pensaba que este axioma redundaba en beneficio del indiferentismo religioso. Además, sostuvo algo muy significativo, que no se puede pasar por alto: el diálogo no existe para renunciar a la verdad, sino para comprometerse a buscarla con sinceridad, lo cual es muy diferente.

La fe y la razón son otros de los temas recurrentes en su obra, desde que publicara, en 1968, el ensayo que le lanzó al estrellato intelectual: nos referimos a *Introducción al cristianismo*. Allí explicaba la pervivencia de la duda incluso para quien asiente a la fe. En esta importante obra, relacionaba la creencia en Cristo, el descubrimiento del «Logos» y la verdad, entendiendo el primero desde el punto de vista de la «comprensión», es decir, como instancia que orienta al hombre hacia lo más profundo de lo real. Ahondaremos en ello a lo largo de estas páginas.

Otro de sus ámbitos de interés lo constituye, en tercer lugar, la escatología. Como Obispo de Múnich publicó un libro titulado así, *Escatología*, una suerte de manual sobre esta importante, aunque a veces preterida, disciplina teológica, que, en su opinión, es uno de los lugares centrales de la revelación. A los ojos de la fe, la muerte no es el fin, sino el umbral que lleva al individuo a la vida eterna, de modo que la existencia mundana ha de estar, consecuentemente, transida de esperanza, una virtud teologal a la que, por cierto, dedicó una encíclica: *Spe salvi*.

Ratzinger fue considerado, asimismo, uno de los principales renovadores del Movimiento Litúrgico, siguiendo la inspiración de su maestro, Romano Guardini. Criticó algunas de las desviaciones en esta materia y explicó el sentido de los ritos litúrgicos en *El espíritu de la liturgia*, publicado en 2001, un homenaje al ensayo original de Guardini, aparecido en 1918.

Pero se podría decir que más medular, por lo que atañe a la metodología teológica, ha sido otro ámbito de preocupación: explorar la forma en que el saber se une a la revelación. Benedicto XVI siempre insistió en que la investigación no podía dar la espalda a la verdad y que la teología poseía un sentido eclesial. Además, la teología requiere del dogma, puesto que este no es un peso o fardo para la razón, sino una «ventana» que hace posible comprender lo que Dios ha tenido a bien comunicar a los hombres. Del mismo modo, la Escritura y el Magisterio no constituyen dos fuentes reveladas diferentes, sino una sola, siendo la tradición una «exposición» de la Palabra divina expresada en la Biblia.

La creación fue otro de los temas tratados por el que fuera Papa emérito. A través de una relectura del Génesis, puso de manifiesto la falsa autonomía de lo humano que se impone como uno de los principales legados modernos. La autonomía humana —o, al menos, una concreta interpretación de esta— niega la condición creada de la persona. Sin admitir la creación, se rompe la inteligibilidad del mundo, puesto que Dios, al ser logos, crea insertando la razón como clave del universo.

Todo es racional en cuanto creado[7]. El reconocimiento de la creación implica la certeza de que Dios puede intervenir en el mundo, como Señor de la naturaleza y de la historia. Ahí radica el deber humano de respetar el orden creado. Muchas de estas ideas aparecen en su libro *Creación y pecado*, que recoge sus catequesis en la Catedral de Múnich.

No hay que pasar por alto, finalmente, la persistente preocupación de Ratzinger por entender la importancia cultural de la fe y su situación en la sociedad de hoy. Su reflexión sobre la verdad y la inquietud por el estrechamiento ideológico o científico de la razón —por la pérdida de sentido, en definitiva— aparece como una de sus aportaciones más determinantes. Así, el teólogo alemán estuvo especialmente atento a la hora de identificar aquellos elementos de la cultura contemporánea que obstaculizan el contacto del hombre con lo esencial, y de advertir, esperanzadoramente, cuáles eran admisibles. Obras como *Ser cristiano en la era neopagana* o *Verdad, valores y tolerancia* están dedicadas a estas cuestiones.

## Y, POR ÚLTIMO, PROFESOR

Joseph Ratzinger comenzó a dedicarse a la enseñanza bien pronto. Muy poco después de su ordenación sacerdotal, se le designó, según se ha dicho, profesor de Teología Fundamental en el Seminario de Frisinga. Desde entonces, y hasta su consagración episcopal, siempre estuvo vinculado al mundo académico. ¿No resulta simbólico que un teólogo de su talla, con una vocación docente tan acusada, terminara su trayectoria ocupando lo que para la tradición es la cátedra de Pedro?

---

7    La frase es parecida a la de Hegel («Todo lo racional es real, todo lo real es racional»), pero con otro sentido: el Dios cristiano es un ser transcendente y personal.

Ilustremos su trayectoria docente con algunos datos. En 1959 le ofrecen la cátedra de Teología Fundamental de la Universidad Bonn. Es allí donde pronuncia su famosa conferencia «El Dios de la fe y el Dios de los filósofos» y empieza a adquirir fama entre alumnos y teólogos. En 1963 ganó la cátedra de Teología Dogmática de la Universidad de Münster[8]. Tres años más tarde, llega a la prestigiosa Facultad de Teología de la Universidad de Tubinga, por recomendación, entre otros, de Hans Küng. Es en ese momento en el que percibe la violencia ideológica del ambiente —son los convulsos años sesenta— y decide, tras permanecer tres años, buscar otro campus, un cambio motivado por la búsqueda de la tranquilidad y la necesidad de alejarse de la agitación en los órganos académicos. Así, en 1969 se traslada a la Universidad de Ratisbona, más humilde intelectualmente; será el último centro académico en el que trabajará.

Además de profesor, el Papa también desempeñó a lo largo de su carrera determinados puestos directivos, lo que ahora se llamarían «responsabilidades de gestión». Llegó, por ejemplo, a ser decano de la Facultad de Teología en Münster y miembro del órgano directivo de esa universidad. También ocupó el decanato en Ratisbona, donde se convirtió incluso en vicerrector. Nada de ello fue un obstáculo para su trabajo intelectual, ya que por aquella época le encargaron diversos materiales docentes y un manual sobre teología dogmática, aunque no pudo concluirlo porque coincidió con su nombramiento como Obispo de Múnich.

Todos sus biógrafos coinciden en afirmar en el rápido prestigio docente que adquirió Ratzinger. Sus clases eran estimulantes, pero sobre todo claras y amenas. De acuerdo con lo indicado por quienes tuvieron la suerte de estar en un aula

---

8    La Teología Fundamental es más amplia que la Dogmática. En el primer caso, se presentan de un modo sistemático los fundamentos de la fe cristiana, así como su especificidad. La segunda disciplina propone, por su parte, un estudio de las verdades reveladas, es decir, de los dogmas.

con él, su atractivo residía en que presentaba los temas de un «modo nuevo y siempre diferente». Las clases estaban repletas y, en muchos casos, las lecciones daban lugar, posteriormente, a libros o ensayos, que gozaron de enorme popularidad. Uno de los secretos de su fama era la capacidad que mostraba como profesor para vincular los problemas teológicos con cuestiones existenciales o culturales que preocupaban a quienes le escuchaban. A este respecto es iluminador el comienzo de *Introducción al cristianismo*[9]. Parte de la extrañeza de la fe y de que la tradicional familiaridad con la creencia se ha vuelto problemática. Al mismo tiempo, legitima las dudas, interpretándolas de un modo positivo, como camino que pueden conducir de la perplejidad a la certeza, a diferencia de la concepción tradicional, según la cual la vacilación ante la fe constituía el síntoma inexorable de su pérdida.

La larga experiencia acumulada y el prestigio convirtieron a Ratzinger en una voz autorizada cuando de lo que se trataba era de repensar el papel y la función del profesorado. Explicaba en un encuentro:

> ¿Dónde encontrarán los jóvenes esos puntos de referencia en una sociedad quebradiza e inestable? A veces se piensa que la misión de un profesor universitario sea hoy exclusivamente la de formar profesionales competentes y eficaces que satisfagan la demanda laboral en cada preciso momento. También se dice que lo único que se debe privilegiar en la presente coyuntura es la mera capacitación técnica. Ciertamente, cunde en la actualidad esa visión utilitarista de la educación, también la universitaria, difundida especialmente desde ámbitos extrauniversitarios. Sin embargo, vosotros, que habéis vivido como yo la universidad, y que la vivís ahora como docentes, sentís sin duda el anhelo de algo más elevado que corresponda a todas las dimensiones que constituyen al hombre [...]. He ahí

---

9   J. Ratzinger, *Introducción al cristianismo*, Sígueme, Salamanca, 2009.

vuestra importante y vital misión. Sois vosotros quienes tenéis el honor y la responsabilidad de transmitir ese ideal universitario: un ideal que habéis recibido de vuestros mayores[10].

Además de su habilidad docente, mostró siempre dotes para el diálogo. Los medios fueron muy injustos, pues le presentaban como un inquisidor redivivo: nada más lejos de la realidad. Aceptaba la opinión de los otros; les respetaba, era tolerante y abierto. Desde el principio de su labor en la universidad, no solo cultivó asiduamente la comunicación con sus alumnos, desarrollando un clima de confianza y respeto, sino que propició también un ambiente comunitario entre sus discípulos:

> Siempre me he esforzado por hacer análisis cuidadosos y, precisamente por ese mismo motivo, también he procurado —en mi círculo de doctorandos— ayudar a que los demás detectaran los puntos débiles de una argumentación. Ha sido una magnífica experiencia a nivel humano. En vez de trabajar en solitario con cada doctorando, nos reuníamos todos un par de horas a la semana para que cada uno pudiera presentar a debate las dificultades que encontraba en su trabajo[11].

Ese sistema de trabajo más colaborativo lo incorporó más tarde a la propia Congregación para la Doctrina de la Fe, que depuró de personalismos, instaurando la mejor toma de decisiones colectiva. En cualquier caso, el círculo de discípulos que se conformó en torno al teólogo ha sido importante, ya que Ratzinger promovió encuentros con otros pensadores, aseguró la sólida formación teológica de sus doctorandos y se exigió estudiar temas de actualidad. Así se fue formando una comunidad intelectual, con amplios intereses, que mantuvo incluso

---

10  Benedicto XVI, *Discurso durante el encuentro con jóvenes profesores universitarios*, 19-08-2011, El Escorial.
11  J. Ratzinger, *La sal de la tierra, op. cit.*, p. 71.

hasta su llegada y salida posterior del Vaticano. Se trata del *Ratzinger Schülerkreis* (círculo de estudios de Ratzinger), un grupo, primero informal, más tarde institucionalizado, que se reunía al menos una vez al año, desde 1981. La dinámica era la siguiente: se proponía un tema de estudio y se debatía en conjunto durante algunos días. El cardenal Schönborn y los teólogos Wiedenhofer o Wohlmuth fueron algunos de sus miembros; el círculo se reunió por última vez en 2018, con un seminario dedicado a la Iglesia, el Estado y la sociedad[12].

## FUNCIÓN Y NATURALEZA DE LA UNIVERSIDAD

Como otros pensadores, especialmente John Henry Newman, a quien se sentía especialmente cercano, Joseph Ratzinger estaba inquieto por la deriva de la universidad en general y, en concreto, por el estado de la enseñanza superior católica. No es casual, pues la universidad es el lugar donde tradicionalmente con más intensidad se ha buscado el saber y, por tanto, la verdad. No atender a los problemas específicos que afronta esta institución hubiera sido imperdonable y, en todo caso, poco coherente con su preocupación por ensanchar las fronteras de la razón.

En calidad de pontífice, dedicó, de hecho, muchas intervenciones a repensar el papel de la enseñanza y a denunciar las deficiencias de una comprensión de la universidad restringida a lo científico-natural. Como veremos, lo mismo achacaba al modelo de racionalidad moderno, que es el que ha permeado, hasta desnaturalizarlas, en las aulas universitarias. En opinión de Ratzinger, la universidad era un espacio privilegiado para que la persona se preguntara por el sentido de la vida y

---

12 Sobre el papel de Ratzinger como docente, cfr. G. Valente, *El profesor Ratzinger*, San Pablo, Madrid, 2011.

profundizara sobre los trascendentales: la verdad, el bien y la belleza. Por este motivo, no hay que pensar que en sus alocuciones sobre estas cuestiones Benedicto XVI se dirigiera a los católicos: hablaba a una humanidad sedienta y necesitada de verdad.

Señaló en La Sapienza:

> ¿Qué tiene que hacer o qué tiene que decir el Papa en la universidad? Seguramente no debe tratar de imponer a otros de modo autoritario la fe, que solo puede ser donada en libertad. Más allá de su ministerio de Pastor en la Iglesia, y de acuerdo con la naturaleza intrínseca de este ministerio pastoral, tiene la misión de mantener despierta la sensibilidad por la verdad; invitar una y otra vez a la razón a buscar la verdad, a buscar el bien, a buscar a Dios; y, en este camino, estimularla a descubrir las útiles luces que han surgido a lo largo de la historia de la fe cristiana y a percibir así a Jesucristo como la Luz que ilumina la historia y ayuda a encontrar el camino hacia el futuro[13].

El antiguo profesor de Ratisbona relacionaba la pregunta por la naturaleza y función de la universidad con la interrogación y el anhelo de verdad. De ahí se colige la crisis de la razón. Y es que si, por su finalidad específica, la universidad es el espacio en el que la verdad se descubre y cultiva, fácilmente cabe pensar que las instituciones dedicadas a la investigación y enseñanza superior no pueden ser inmunes a la crisis cultural.

Pero ¿cuál es la causa de las dificultades que atraviesan los centros universitarios? El origen último tiene que ver con la pérdida del sentido de la trascendencia. En efecto, fue la confianza en la racionalidad de lo creado lo que llevó al ser humano a institucionalizar el estudio de las ciencias bajo la forma de las

---

13 Son palabras del discurso preparado por Benedicto XVI para su visita a la Universidad de La Sapienza prevista para el 17 de enero de 2008, pero que tuvo que cancelar ante las protestas.

primeras universidades. Y es que el impulso religioso no exige renunciar a la verdad, sino que históricamente ha sido uno de los estímulos de su descubrimiento. «El problema de Dios, en último término, no es sino el problema de la verdad»[14]. La raíz última de la crisis universitaria ha sido, pues, la exclusión, por la fuerza de la cultura laicista, de ese logos que hace inteligible tanto el mundo natural como el humano.

## PELIGROS PARA LA UNIVERSIDAD

Marcos Cantos Aparicio ha sintetizado el diagnóstico de Benedicto XVI sobre la situación de los estudios universitarios en la actualidad. A su juicio, son seis los peligros que amenazan la misión y finalidad de la universidad[15]. En primer lugar, el utilitarismo. La imposición de un modelo funcional de razón y la generalización de las ciencias «útiles» han transformado la universidad en centros de formación profesional, sometiéndola a las exigencias del mercado y las demandas de la industria[16]. Eso ha postergado la verdad y dificultado la búsqueda del sentido existencial, eliminando la importancia formativa de la experiencia universitaria. Junto con ello, ha tenido asimismo su peso la pérdida de la unidad del saber; Benedicto XVI mostró lo peligrosa que era la fragmentación del conocimiento y la excesiva especialización. Eso convierte a las disciplinas en ámbitos incomunicables, lo que, además de contradecir la finalidad propia de la universidad (*universitas* tiene que ver, como

---

14  J. Ratzinger, *Dios como problema*, Cristiandad, Madrid, 1973, p. 13.
15  M. Cantos Aparicio, *Razón abierta. La idea de universidad en J. Ratzinger/Benedicto XVI*, BAC, Madrid, 2015, p. 48 y ss.
16  Para un análisis sobre los males generales de la universidad, consúltese también J. M. Carabante, «Universidad, verdad y pensamiento crítico», en C. Martínez-Sicluna (ed.), *Habilidades prácticas del jurista*, Dykinson, Madrid, 2022, p. 11 y ss.

es evidente, con la universalidad), elimina la unión de razón y palabra, de acuerdo con la riqueza semántica de «logos». Frente a ello, es deseable promover la integración del conocimiento.

En tercer lugar, hemos de hablar del positivismo, una corriente que no exige únicamente asumir la primacía metodológica de las ciencias empíricas, sino que niega radicalmente la posibilidad de un conocimiento fuera de dicho ámbito. El correlato de la cultura orientada exclusivamente hacia lo empírico-positivo es la marginación de las disciplinas humanísticas —entre ellas, la filosofía y la teología— y la expansión de la ideología cientificista, que también se difunde por todo el espectro social, conformando un «fideísmo científico» que reemplaza a la creencia religiosa[17].

Cuarto, el relativismo. Este aprovecha dos puertas de entrada para colonizar la universidad: en primer lugar, se filtra en las aulas a través de los modos y actitudes de profesores y alumnos. Por otro lado, se inmiscuye cuando los campus dejan de propiciar el encuentro con la verdad en su más amplio sentido. Se trata de uno de los peligros más devastadores porque implica la destrucción de uno de los fundamentos de la universidad: el interés por la verdad.

Otro de los peligros es la pérdida de la libertad, un extremo cada vez más palpable tras la ola de lo *woke* y la cultura de la cancelación[18]. Aunque cuando vivía estos fenómenos no eran tan extremos, muchos de los análisis que hizo Ratzinger son aplicables a lo que sucede hoy. Por ejemplo, se refirió en incontables ocasiones a la merma de la autonomía universitaria, una

---

17  Es importante notar que con el rechazo —u olvido, por no pensar mal— de las humanidades se resiente el espíritu crítico. ¿No se puede concluir que existe indubitablemente una relación entre el desprestigio de las letras y el mayor auge de la desinformación?

18  Hay muchos libros sobre la cultura de la cancelación. Sobre los perjuicios para la libertad, se puede consultar D. Mamet, *Himno de retirada*, Deusto, Barcelona, 2023.

de las cualidades que posibilitan el cumplimiento de su misión. En este sentido, conviene recordar que las universidades nacieron como lugares de excepción y protegidos especialmente por la autoridad religiosa o eclesiástica que los erigía, con el fin de evitar la injerencia política y económica. Pues bien, paulatinamente han ido perdiendo sus protecciones, quedando al albur de intereses espurios, lo que daña considerablemente la libertad de investigación.

Por último, sexto, hay que mencionar la disolución de la vocación social de la universidad. El ambiente competitivo e individualista que se ha instalado ha hecho olvidar que se trata de una institución de servicio. Es evidente que esto no se puede mantener si lo que se resalta de los estudios superiores es su lado económico o la necesidad de que provean de mano de obra especializada al mercado laboral, desconociendo la diferencia entre la universidad y la formación profesional. Eso ha hecho que los estudiantes, en lugar de buscar resolver, de un modo generoso y desinteresado, problemas sociales o de servir a la verdad, para encontrarse con el prójimo, se conduzcan por criterios egocéntricos, de carrera o economicistas, lamentablemente.

Bien; aceptémoslo: la universidad, al igual que la razón, está en crisis. ¿Cuál es la solución? Para Benedicto XVI, esta pasa por recuperar la vocación universitaria originaria, en el redescubrimiento de su misión esencial. Más allá de propuestas concretas —a veces, meros maquillajes—, se requiere urgentemente volver al espíritu que determinó su nacimiento. No se trata, pues, de hablar de las humanidades o de insistir en la relevancia de la teología para el bien de la universidad —se trate de centros católicos o no—, sino de ahondar más. Y es que una lectura atenta de los escritos de nuestro autor evidencia que, realmente, el gran problema de la universidad, como de la cultura contemporánea, tiene que ver con la cuestión de la racionalidad y los límites que impone a la razón el pensamiento moderno. En resumen: para Ratzinger, el gran desafío de las universidades y, en concreto, de las católicas, estribaba «en hacer ciencia en el horizonte de una racionalidad verdadera, diversa de la que hoy domina ampliamente, según una razón abierta a la cuestión de la verdad y a los grandes valores inscritos en el ser mismo y, por consiguiente, abierta a lo trascendente, a Dios»[19].

## UN PENSADOR DE REFERENCIA

Tal vez lo que resume con más precisión la carrera de Ratzinger sea el término «pensador»[20], ya que manifiesta con toda claridad su inquietud por comprender, una inquietud que subyace, como se ha visto, tanto en su decisión de hacerse sacerdote como en la de dedicarse a la investigación teológica. Se trata además de un rasgo que se origina en su compromiso con la razón, por la constatación de que la persona, en cuanto ser creado, tiene la capacidad y el deber de entender su entorno. Sin esa confianza en la razón —una cualidad, que sin duda extrañará a quienes entiendan la fe como una forma de superstición, pero que para Ratzinger resultaba connatural a la fe cristiana—, no habría podido florecer y desarrollarse su vocación intelectual. Una vocación de pensador que ha sido reconocida internacionalmente y que ha llevado a hablar de «un Papa intelectual», como señaló en su momento un gran conocedor de su obra, Olegario González de Cardedal. Esa consideración le valió el

---

19  Benedicto XVI, *Discurso en la inauguración del 85.º curso académico de la universidad católica del Sagrado Corazón*, 21-11-2005, Roma.

20  Aunque emplearemos indistintamente los términos «pensador» e «intelectual», estamos de acuerdo en lo que indicaba J. L. Marion en una entrevista: intelectual es un vocablo vinculado con la defensa de una determinada ideología. Desde este punto de vista, Ratzinger sería, por su amor a la verdad, ante todo un pensador.

nombramiento de doctor *honoris causa* por diez universidades, confesionales y no confesionales, y numerosos premios que destacaban su contribución en el campo del conocimiento. Quizá uno de los galardones más relevantes, indicador de su talla intelectual, fue su entrada en la Academia Francesa de Ciencias Morales y Políticas, en 1992.

Ese interés —la pasión, estamos tentados de decir— por comprender lo que le rodeaba, le llevó a acercarse y debatir con sus coetáneos. En el campo teológico, Ratzinger mantuvo polémicas interesantes con personalidades de primer orden, entre las que destacan Karl Barth (teólogo protestante), Karl Rahner o los citados Moltmann y Metz. Más mediático fue su enfrentamiento con Hans Küng, aunque ha sido menos interesante desde un punto de vista intelectual. A todo ello se añaden los debates provocados por decisiones tomadas en el seno de la Congregación para la Doctrina de la Fe mientras era prefecto. Nos referimos a las controversias con el teólogo holandés Edward Schillebeeckx, con Gustavo Gutiérrez, uno de los promotores de la teología de la liberación, o Anthony de Mello.

En el campo filosófico, Ratzinger se sintió inclinado desde su juventud por el personalismo; en cambio, no simpatizó con los representantes de la escolástica. Más platónico que aristotélico, más agustiniano que tomista, conocía perfectamente la historia del pensamiento y había estudiado con exhaustividad la transición cultural y filosófica a la modernidad. En sus obras aparecen mencionados filósofos como Heidegger, Jaspers o Nietzsche y departió con quienes más alejados se hallaban de sus puntos de vista. El encuentro más relevante, en este sentido, fue el ocurrido el 19 de enero de 2004 en la Academia Católica de Baviera con el último representante de la Escuela de Frankfurt, Jürgen Habermas, donde se abordó el asunto de la secularización y sus consecuencias y que tendremos ocasión de ver más adelante.

# Razón, fe y cristianismo

Con filosofía: así ha de comenzar cualquier defensa de la teología. Ambas —al menos desde Aristóteles— están vinculadas y sus caminos históricos se entrecruzan. Pero si la teología, la disciplina que cultivó Ratzinger, exige una previa apología del cultivo filosófico es porque en ella comparece la razón, por lo que es menester demarcar los contornos en que esta gobierna. ¿Quiere esto decir que Ratzinger fue un filósofo, como se dice de Juan Pablo II? Ni mucho menos; se sugiere, más bien, que teología y filosofía son como hermanas y no se encuentran tan separadas.

Por este motivo, para profundizar en la obra de Ratzinger y reflejar su «racionalismo», debemos en primer lugar abordar la manera en que el sabio de Ratisbona concebía los vínculos entre fe y razón. Entre ambas hay ligaduras innegables, aunque la mentalidad secularista que rige en la esfera pública —y académica— plantee objeciones a su hermanamiento. Desde el famoso camino de Damasco, el cristianismo quedó permeado de muchos valores filosóficos y, al tiempo, aunque sea algo que se reconoce mucho menos, se reflejó en la reflexión filosófica la impronta del estilo y las preocupaciones de la nueva fe. Ratzinger insistió una y otra vez en recordar esto último con el fin tanto de poner en valor el mensaje cristiano como de recuperar su verdadero universalismo; para, en resumen, reconocer que si hay un logos de la revelación es porque la luz natural de la inteligencia nos permite captarlo. Y en cultivar esta luz consiste, ni más ni menos, la filosofía.

## ¿UNA FILOSOFÍA CRISTIANA?

Estemos o no de acuerdo con la llegada de una sociedad poscristiana, cada vez será más necesario enumerar uno a uno las grandes contribuciones de la fe. Hoy se niegan y, en lugar de realzar que la transmisión de la cultura pagana —la clásica— fue posible partiendo de la convicción de que «la verdad nos pertenece» (san Ireneo), se repasan momentos en que se distrajo la herencia griega. Sea como fuere, también la posibilidad —o no— de una filosofía cristiana debe ser estudiada desde la perspectiva de las contribuciones del Evangelio a la esfera de lo secular. Heidegger intentó zanjar la cuestión con un juego de palabras; afirmaba que hablar de una filosofía de inspiración cristiana era como hacerlo de un «hierro de madera». Creía de ese modo manifestar su imposibilidad, separando el vasto continente de la razón de la superstición revelada. La respuesta afecta, como indicamos, a la entraña y virtualidad —a la validez— de la propia teología; en efecto, ¿cómo es posible esta si no hay puentes que comuniquen la razón con la creencia? ¿Cómo admitir, en ese caso, la posibilidad de un discurso argumentado sobre Dios?

Heidegger no fue evidentemente el único ni el último en decretar la más estricta independencia de ambas disciplinas, deslegitimando la labor teológica. En el fondo, si no puede existir una inspiración cristiana de la filosofía, la consecuencia, como vio Ratzinger, es doble: se niega, primero, la universalidad del mensaje salvífico y, en segundo término, se renuncia a que el ser humano pueda penetrar en los misterios de Dios. A fin de cuentas, el cientificismo, que rebate la razonabilidad de la fe, y el fideísmo, que desmiente la razón, son dos caras de la misma moneda. El racionalismo exagerado duda de la potencia natural de lo que se cree; la fe sin el auxilio del intelecto impugna la posibilidad de que la razón se abra, por su propia naturaleza, al misterio de lo sobrenatural.

Las corrientes racionalistas, a las que se enfrenta Ratzinger, se remontan a la Edad Media, según ha estudiado Gilson, aunque hay ya indicios de un rechazo pertinaz de la razón humana en algunas herejías surgidas en las primeras fases de expansión de la fe cristiana[21]. El fideísmo, por su parte, impregna la interpretación protestante no solo de Lutero, sino de los teólogos reformados del siglo XX. Basta recordar a este respecto la obra de dos de ellos: Adolf von Harnack y Karl Barth. La sugerencia del primero, según la cual el mensaje primitivo de Cristo se transformó por presiones de carácter helenizante, ha calado bien hondo incluso en entornos católicos; Harnack distinguió entre el cristianismo originario o genuino, al que se vuelve especialmente a partir de Lutero, y el catolicismo, que habría optado por la vía filosófica y dogmática y que, por este motivo, habría adulterado el mensaje inicial. La radicalidad con que Barth rebate la analogía y su convencimiento de que «filosofía cristiana» supone una contradicción en los términos encuentran su explicación en su propuesta de teología dialéctica, es decir, una teología basada en la distancia absoluta entre Dios y la realidad mundana, la cual evita por razones de principio el uso de categorías netamente filosóficas.

Para Ratzinger, sin embargo, Cristo conmociona la filosofía, hasta el punto de que el encuentro de Grecia y el cristianismo define la cultura occidental. Ese entrecruzamiento de la perspectiva inmanente y trascendente marca, de hecho, tanto el desarrollo de la filosofía —pues esta no puede dejar de lado el hecho de la revelación, como no deja de lado otros

---

21   E. Gilson, *La filosofía en la Edad Media*, Gredos, Madrid, 1958, p. 39.

acontecimientos— como la evolución de la teología. Sobre la cuestión de la filosofía cristiana, matiza el propio Gilson:

No hay razón cristiana, pero puede haber un ejercicio cristiano de la razón. ¿Por qué rehusaríamos *a priori* admitir que el cristiano haya podido cambiar el curso de la historia de la filosofía, abriendo a la razón humana, por medio de la fe, perspectivas que aquella no había descubierto aún? Este es un hecho que puede no haberse producido, pero nada autoriza a afirmar que no puede haberse producido. Y aun podemos ir más allá, hasta decir que una simple mirada por la historia de la filosofía invita a creer que ese hecho se ha producido realmente[22].

En su encíclica *Fides et ratio*, Juan Pablo II quiso también abordar la cuestión precisando el lugar que debía ocupar la filosofía cristiana: de un lado, estaría una filosofía independiente de la revelación cristiana por ser anterior al hecho histórico decisivo y, por otro, el saber teológico. Lo que es indiscutible es que en ningún caso «filosofía cristiana» debe entenderse como «filosofía oficial de la Iglesia», como si el Magisterio indicara qué postulados filosóficos debe suscribir el creyente; del mismo modo que no se pronuncia sobre las ideologías políticas o las ofertas electorales, tampoco la Iglesia toma una postura filosófica, si bien señala la necesidad de que la que se adopte sea, como es razonable, respetuosa con las verdades de la fe. Tampoco reclama el distintivo de «cristiana» la filosofía realizada por pensadores cristianos, como si fuera una denominación de origen. Es cristiana, afirma el Papa, aquella filosofía que no se hubiera desarrollado ni hubiera llegado al descubrimiento de nuevas verdades sin el amparo del cristianismo[23].

---

22  E. Gilson, *El espíritu de la filosofía medieval*, Rialp, Madrid, 1985, p. 21.
23  S. Juan Pablo II, *Fides et ratio*, Palabra, Madrid, 1998, núm. 75.

Si el hecho cristiano imprime carácter, por decirlo así, cabe aludir a una serie de características comunes a todo empeño filosófico proveniente de la fe. En primer lugar, la filosofía cristiana reflexiona sobre determinados temas, puesto que el cristianismo posee suficiente fuerza para condicionar el objeto de estudio y obliga a centrarse en aquellos aspectos que resalta el propio mensaje religioso. La teodicea, la especulación sobre el ser humano y sus especificidades o la realidad metaempírica reciben un espaldarazo gracias a la fe, como sucede con la felicidad, el fin de la existencia y el bien moral. Esta es la causa por la que a veces se superponen los temas teológicos y filosóficos. En segundo término, la filosofía cristiana destaca por su unidad, una unidad que nace de la revelación, pero que no encorseta su desarrollo; todo lo contrario, sirve, como afirma Ratzinger, para ampliar su horizonte. Por último, se trata de una filosofía comprometida con la defensa de la verdad y que constituye un saber intermedio, pero necesario para introducirse en la teología, que es la ciencia que encamina hacia la Verdad Absoluta o Dios.

## CRISTO, FILÓSOFO

De la posibilidad de la filosofía cristiana, pues, depende la teología. De ello se da cuenta Ratzinger. Para él, hay una familiaridad intrínseca entre cristianismo y filosofía, entre fe y razón. Por eso, cabría calificar a Cristo como el primer filósofo cristiano. Hay una imagen, de hecho, a la que el teólogo alemán vuelve una y otra vez e incluso la recuerda en un pasaje muy emotivo de su encíclica *Spe salvi*, cuando se refiere a los sarcófagos de la primera cristiandad en los que aparecía Cristo provisto de las vestiduras y aparejos del filósofo. «Hacia finales del siglo III encontramos por vez primera en Roma, en el sarcófago de un niño y en el contexto de la resurrección de Lázaro, la figura de Cristo como el verdadero filósofo, que tiene el Evangelio en una mano y en la otra el bastón de caminante propio del filósofo»[24].

El bastón, abunda Benedicto XVI, es el arma que vence a la muerte, pero también el instrumento empleado para indicar el camino que conduce a la verdad. Por eso Cristo puede ser considerado camino o verdad, indistintamente. Pero el vínculo tan natural entre el ejercicio de la filosofía y la creencia cristiana no se limita a la figura de Cristo —recordemos a este propósito que este dice ser la verdad y, desde que irrumpió la reflexión en Grecia, esta constituye el objetivo de la búsqueda filosófica, su condición posibilitante—. Aparece también en la primera fase de la expansión cristiana.

Afirmar que existe una filosofía cristiana es decir poco; Ratzinger revindica su ejercicio y para ello exige que la razón se abra. Es la idea de racionalidad ampliada sobre la que versa este estudio y que constituye, por decirlo así, la principal contribución filosófica de nuestro autor. Al aludir a la vasta extensión de lo racional, no solo quiere dar cobijo a lo que piensa la fe, sino sobre todo subrayar el carácter revolucionario del cristianismo. La fe —lo hemos señalado— perturbó la razón, pero no para anularla, sino para desbordarla, dotándola de un sentido mayor. El marco para entender lo que eso supuso nos lo ofrece la enriquecedora reciprocidad que, en el seno de la fe, existe entre lo natural y lo sobrenatural. El mensaje de Cristo, universal, dirigido a judíos y gentiles, también revitaliza la filosofía y evita su anquilosamiento. ¿No es posible pensar, a la luz de estas reflexiones, que la atrofia filosófica de hoy, su descamino, tiene origen en la dictadura secularista que cierra a cal y canto las ventanas de la razón, evitando que entre en sus estancias el aire reparador de la fe?

---

24  Benedicto XVI, *Spe salvi*, Palabra, Madrid, 2007, núm. 7.

Pero el trecho recorrido por la filosofía cristiana ha sido largo y, en ocasiones, desatinado o confuso. En la relación histórica entre la filosofía y lo cristiano es posible distinguir tres fases o periodos: en primer lugar, el paradigmático u originario, que evidencia el eslabón entre el mensaje de Jesús y la filosofía. El cristianismo se consideraba la auténtica doctrina filosófica, lo cual era posible no únicamente porque la fe ofrecía una imagen límpida del mundo y se observaba la religión sin las anteojeras de los prejuicios, sino porque también era distinta la concepción filosófica, mucho más existencial, ya que constituía una suerte de disciplina psicagógica. El propósito, fin o clave de la especulación era, como ha mostrado Pierre Hadot, conducir a las almas, cuidar de su arte de vivir[25]. Como ascesis, pues, la fe cristiana estaba más próxima a la filosofía que a la religión pagana, que era un artificio o instrumento comunitario. Por decirlo con toda claridad: el cristianismo era filosofía, la verdadera sabiduría.

La segunda etapa, que coincide con la Edad Media, es un periodo complejo, plagado de vericuetos. Claro está que hay muchas construcciones teóricas en las que se reconoce el valor de la filosofía cristiana y se consolida el rigor en la reflexión sobre tópicos que la filosofía recoge o acepta de la religión. Ahora bien, aparecen corrientes que niegan sistemáticamente el valor de la razón para pensar la fe o, en otras latitudes culturales, oponen la verdad religiosa a la verdad filosófica.

Por último, Ratzinger se refiere a la modernidad, que de algún modo se inicia cuando la filosofía consigue independizarse del cristianismo y de la fe. Eso quiere decir que sería simplista interpretar el proceso de secularización como si sus

---

25 P. Hadot, *Ejercicios espirituales y filosofía antigua*, Siruela, Madrid, 2006, p. 24. Para Hadot, sin embargo, el cristianismo es el que devasta este sentido más espiritual de la filosofía, tanto porque se apropia de él como por su orientación especulativa, con la escolástica especialmente.

repercusiones se dejaran sentir únicamente en el ámbito político, económico o cultural. La secularización es radical y global y supone la extirpación del sentido de la trascendencia de toda región o espacio, así como la difusión de los prejuicios antirreligiosos. Cristianismo y filosofía se instalan, por tanto, en regiones antípodas.

¿Cuál ha sido el resultado? Lógicamente, si se reputaba de manera tan positiva el encuentro de Atenas y Jerusalén y su confluencia resultaba regeneradora, la separación —indica Ratzinger— lastra la potencia especulativa: reduce la razón tanto desde un punto de vista objetivo (por ejemplo, en Kant, que condena toda investigación a lo fenoménico), como por su método de corroboración positiva. Una filosofía que no se pregunta:

> ... quiénes somos, para qué estamos, si existe Dios y la vida eterna [es decir, una filosofía que no plantea los temas clásicos, sobre los que influyó la fe cristiana] está acabada como filosofía. De ahí el interés por que la savia cristiana vuelva a circular por el canal filosófico y que la filosofía deje de limitarse a ser un análisis del discurso científico o del empleo pragmático de los términos, para convertirse en un ejercicio espiritual nuevamente, en el arte de la vida[26].

## ¿QUÉ ES LA TEOLOGÍA?

Teología y filosofía tienen varias cosas en común, según se aclara en un libro capital para entender las preocupaciones intelectuales de Benedicto XVI, *Teoría de los principios*

---

26   J. Ratzinger, *Fe, verdad y tolerancia. El cristianismo y las religiones del mundo*, Sígueme, Salamanca, 2005, p. 176.

*teológicos* (1982)[27]. Por ejemplo, ambas son actividades humanas irrenunciables: las dos se definen como un abrirse a la verdad, que es lo mismo que volverse hacia Dios. Están, asimismo, guiadas por el amor al Logos, ya se refleje este en los parajes de la verdad natural o en Cristo, como sugiere san Juan. Son como círculos secantes que en una determinada área coinciden: la teología hace en ocasiones uso del modo y método filosófico. Dejando por sentado esto, se deducirá por qué Ratzinger prestó tanta atención a la filosofía, sin ser estrictamente hablando un filósofo, como hemos precisado. Sabía que una crisis filosófica —una crisis de la verdad— repercute, inexorablemente, en el campo teológico y tiene incluso la capacidad de devastarlo. De forma análoga, aquel, se resiente de los apuros en el plano filosófico. En cualquier caso es importante apuntar que el hecho de admitir un estilo cristiano de filosofar o el hermanamiento entre filosofía y teología no supone confundirlas. El Papa emérito, en efecto, mostró mucho interés a la hora de deslindar ambas esferas, sin confusionismos empobrecedores. De ello depende, como resulta fácil concluir, la viabilidad del saber teológico, su estatuto epistemológico, su valor en tanto conocimiento, en el contexto científico contemporáneo.

Pero ¿qué es la teología? Antes de responder a esta cuestión, hay que diferenciar la fe y la teología, una tarea en la que se ocupa nuestro autor. La fe supone la escucha de la revelación: surge *ex auditu*, oyendo y atendiendo a la Palabra. Nace con una pretensión cognitiva; engendra saber y se oferta en tanto verdad. Precisamente esto es lo que posibilita la reflexión sobre su propuesta: en eso consiste la teología, una disciplina científica que no tiene como misión, como algunos piensan, probar

---

27 La edición en castellano, de 1985, publicada por Sígueme, lleva por subtítulo *Materiales para una teología fundamental*. No es una obra sistemática, sino una recopilación de trabajos publicados entre 1968 y 1982. J. Ratzinger, *Teoría de los principios teológicos*, Herder, Salamanca, 1985, p. 379 y ss.

la fe o demostrar la revelación, sino comprenderla. Por eso la fe es el material sobre el que trabaja la teología. Mientras que, en el saber filosófico, el pensamiento precede a la palabra, al no estar predeterminado el objeto de su reflexión, la fe provee de contenido a la teología. La teología interpreta, ahonda. De ese modo se entiende la tarea que encomendó san Pedro a los cristianos, la de dar razón de su esperanza (1 Pedro 3, 15), pues se trata de razonar sobre algo que se ha donado al hombre, que no procede de su naturaleza, sino que constituye un plus o regalo de Dios.

«Es innegable», explica Ratzinger, «que la filosofía antecede a la teología y que ni siquiera después de la revelación debe desaparecer convertida en teología, sino que sigue siendo un camino independiente del espíritu humano, pero de tal modo que el pensamiento filosófico pueda entrar en el teológico sin ser, por ello, destruido en cuanto filosófico»[28]. Con independencia de que el saber filosófico pueda ser la «antesala» de la fe y de que la teología emplee el modo de pensar filosófico, el Sumo Pontífice alemán insistió en que se trata de dos disciplinas y saberes diferentes. De la filosofía se llega al saber teológico, que opera sobre el material que le presenta la fe; lo que aporta es una suerte de indicación en el camino a la verdad absoluta, que captará el ser humano, de acuerdo con la promesa bíblica, cuando alcance la «visión beatífica».

### DIMENSIONES DEL SABER TEOLÓGICO

La teología tiene dos dimensiones: la revelada y la filosófica. Es, en una frase sumamente elocuente, «fe pensada», como ha indicado P. Blanco[29]. Se ocupa de Dios, como su objeto de estu-

---

28  J. Ratzinger, *Fe, verdad y tolerancia, op. cit.*, p. 117.
29  P. Blanco, *Joseph Ratzinger. Razón y cristianismo, op. cit.*, p. 114.

dio preferente, pero interroga al modo de la filosofía. En efecto, en la naturaleza del saber teológico comparece con toda su radicalidad esa unidad entre razón y fe que constituye, como se ha visto, la característica principal del cristianismo. Veamos separadamente estos dos elementos.

Por una parte, el alma de la teología no puede ser otra que la revelación, que el teólogo se propone interpretar y comprender. Se sabe dónde se halla el dato que requiere: en la Escritura. Ha sido en la aclaración de lo que supone su mensaje donde Ratzinger afinó su precisión. Habló al respecto de la unidad cristológica de la revelación. Así, aunque cuando se profundiza sobre las fuentes de esta última, tradicionalmente se ha hablado de Escritura, Tradición y Magisterio, hay que indicar que Cristo es la única fuente, pues Tradición y Magisterio actúan como formas de exponer la Palabra.

Junto a ello, la diferencia entre fe y teología posibilita abordar el problema de la pluralidad de interpretaciones teológicas. El creyente puede legítimamente preguntarse por qué razón, si hay un mensaje —una fe, una Iglesia—, surgen tantas disputas en el seno de la comunidad teológica. Ratzinger señala que la pluralidad no está reñida con la unidad siempre que se respete el dogma. Asimismo, la importancia de la fe en la teología es fundamental para explicar otro de los rasgos de esta última: su eclesialidad. La teología no es fruto de la invención o creatividad de un pensador; tampoco es el resultado del ejercicio privado de la razón, sino que se incardina en el interior de la Iglesia y presupone la autoridad magisterial. Cuando no es así, ha señalado el pensador germano, se convierte en una disquisición privada alejada de su sustancia material, la fe de la comunidad creyente.

Por otra parte, la teología está unida a la razón, motivo por el cual tiene la categoría de ciencia, con su objeto, su método y su sistema específico. Si, por un lado, quien fuera Papa emérito señaló que la teología debía discurrir según el modo filosófico, por otro, criticó con dureza los intentos de sustituir el objeto principal de la reflexión teológica, Dios, por otros secundarios, como los que tienen que ver con la comunidad o pueblo creyente. Ratzinger llega a afirmar que la teología como tal, en cuanto discurso racional sobre Dios, es propia solo del cristianismo, una idea en la que han insistido otros pensadores, como, por ejemplo, Rémi Brague.

Pero ¿qué ocurriría si se separara la teología de la razón? El cristianismo perdería una de sus señas propias, convirtiéndose en una suerte de religiosidad primitiva. Se desplazaría hacia la irracionalidad, despojándose de su sentido cognitivo, lo cual, finalmente, terminaría por acomodar la teología a las modas intelectuales, arrebatándole su aguijón crítico. A nadie se le escapa que este diagnóstico es muy certero: basta con mirar los rendimientos de parte de la teología contemporánea.

## ORTODOXIA Y ORTOPRAXIS

En su forma de entender la labor del teólogo, Ratzinger hizo hincapié en el carácter especulativo de la teología; de este rasgo depende que la razón se abra o no. Porque si la teología no tiene relación con la racionalidad, entonces a lo sumo podríamos considerarla como una mera superstición. Además, subrayar que la teología tiene una dimensión especulativa no tiene por qué menoscabar su sentido práctico. Esto es de suma importancia para entender el calado de las aportaciones del autor de *Introducción al cristianismo*. Adviértase que la disyuntiva entre la teoría y la praxis es una de las herencias más cuestionables de la modernidad, que de alguna manera disuelve la unidad de la razón como un azucarillo. Sería prolijo extenderse sobre este asunto, del que han tratado muchos autores[30], pero

---

30  Como Habermas.

al menos aprovechemos para indicar que este proceso de des-acoplamiento entre lo teórico y lo práctico comenzó cuando empezó a marginarse el pensar metafísico y la ciencia empí-rico-natural se adueñó del significado de la razón. En el fondo, la disyuntiva entre razón teórica y práctica se produce por el cuestionamiento de la noción de verdad, cuyo resultado será la consolidación de una interpretación positivista, reduccionista, de la misma y que concluirá con la decisión de arrumbar la ética al campo de lo irracional.

Teniendo en cuenta este marco, la significación que Ratzinger atribuye a la metafísica nace de su propia preocupa-ción por el estatuto científico de la teología. Estamos conven-cidos de que toda la cuestión de la razón abierta proviene de ahí: de que orillar la médula de lo real, como hacen las corrien-tes fenomenistas, deja tiritando al ser humano, a su razón, y le distrae de su orientación trascendente. Debemos interpretar, por tanto, su inquietud por la reflexión teórica como una de las principales formas en que se manifiesta su preocupación por la verdad. Al reivindicar la especulación, lo que pone de mani-fiesto es la trascendencia de la verdad y su primacía frente al *ethos,* o bien que este deriva de la primera. Ancla, pues, la pra-xis en lo verdadero[31].

Pero este convencimiento sobre la primacía de la razón teó-rica surge del atinado diagnóstico que realiza sobre el desa-rrollo de la teología en los últimos siglos, un desarrollo que corre paralelo con el del saber filosófico. Y a este respecto es contundente: «Este hecho de situar la praxis por encima del conocimiento […] se deduce lógicamente de la negación de

---

31   En este punto insiste el realismo. Para ello, cfr. J. Pieper, *El descubrimiento de la realidad*, Rialp, Madrid, 1974. Se está preparando una nueva edición de este importante libro a mi cargo.

la metafísica: allí donde el conocimiento resulta imposible, entonces lo único que queda es la acción»[32].

Cuando el conocimiento teológico se desvincula de la verdad, se puede disolver en dos direcciones: una dirección práctica o decisionista y otra historicista. En el primer caso, la teología, al adaptarse al esquema moderno, se propone como acción. Se resiente su ligazón con el dogma. Esta es la línea que adopta la teología política y, en especial, la teología de la liberación, que convierte la fe en un instrumento práctico y revolucionario. Si se opta por el historicismo, se acepta el destierro de la metafísica y la verdad se reduce a historia, pero interpretada de acuerdo con las exigencias positivistas, como es palpable en la dirección tomada por la exégesis y la difusión del método histórico-crítico.

En lugar de separar lo especulativo de lo práctico, la verdad del bien, Ratzinger señala que, en cuanto saber, la teología tiene dos componentes: es ortodoxia y ortopraxis.

Como ortodoxia, la teología posee una dimensión cognitiva: se trata de un discurso correcto desde un punto de vista racional, metódico, con la seriedad propia de una ciencia preocupada por la rigurosidad. Eso quiere decir que tiene una pretensión de verdad, como resultado propio del ejercicio teórico de la razón. Ratzinger dijo en muchas ocasiones a lo largo de su obra que de proteger esta dimensión dependía el futuro del saber teológico:

> Se falsea el sentido de la cristología precisamente cuando se la mantiene encerrada en el círculo histórico-antropológico y no llega a ser auténtica teología, en la que se expresa en palabras la realidad metafísica de Dios. Y, a la inversa, quiere decir también que solo la teología puede garantizar que se mantiene abierta la búsqueda metafísica. Allí donde la teología

---

32    J. Ratzinger, *Fe, verdad y tolerancia, op. cit.,* p. 97.

abandona esta misión, también para la filosofía queda cortado el camino que permite plantearse, en su definitiva radicalidad, el problema del fundamento último[33].

Sin esta referencia inexorable a la verdad, sin especulación, la teología cae en la arbitrariedad.

¿Qué decir de la ortopraxis? Junto a la dimensión cognitiva, la teología posee un significado ético o moral y reflexiona sobre el bien humano y su consecución. Pero esta dimensión está en dependencia de la primera, de la búsqueda desinteresada de la verdad y no puede constituirse como una disciplina o saber autónomo. En resumen, si tuviéramos que señalar lo que es para Ratzinger la teología, diríamos que se trata de un saber cuyo objeto es reflexionar sobre Dios a partir del dato revelado y con la ayuda de la razón, con una pretensión de verdad tanto especulativa como práctica, y una dimensión eclesial.

## LOGOS Y CRISTIANISMO

Siendo Ratzinger un teólogo, ¿por qué se ha preocupado con tanta insistencia de la problemática de la razón? Preguntado de otro modo: ¿cuál es la causa de su insistencia en la necesidad de ampliar la razón si su objeto particular de estudio es la revelación? La respuesta a estas preguntas está relacionada con la singular comprensión del cristianismo de nuestro autor. Este insistió, una y otra vez, en la ligazón entre cristianismo y logos. En efecto, la fe cristiana destaca por su voluntad de racionalidad, por su remisión a la razón; pero al tiempo que la reivindica, también la quiebra «para que esta se sobrepase a sí misma»[34].

---

33  J. Ratzinger, *Teoría de los principios teológicos, op. cit.*, p. 385.
34  J. Ratzinger, *Fe, verdad y tolerancia, op. cit.*, p. 74.

Esta poderosa inclinación o querencia por la razón constituye la esencia del cristianismo. Aunque veremos con más detalle la diferencia entre la fe cristiana y otras religiones, conviene precisar ahora que, desde un punto de vista histórico, como se ha dicho, el cristianismo supuso una revolución en el ámbito del conocimiento, ya que conllevó la simbiosis entre la revelación bíblica y el pensamiento filosófico clásico, es decir, razón y religión, Jerusalén y Atenas. Y eso supuso un revulsivo tanto para la concepción religiosa en general como para la filosofía.

En relación con otras religiones, lo revolucionario del mensaje cristiano no es el culto ritual, sino su connaturalidad con el logos («Y en el principio fue el logos»), su esencia racional. Por eso se opone a las religiones míticas, ajenas a la racionalidad. La fe cristiana no se presenta como superstición ni leyenda, sino como conocimiento verdadero y sabiduría. Como muchos otros autores, en este punto Ratzinger propuso entender el cristianismo fuera del campo semántico de lo religioso. Una religión tiene un sentido político, comunitario; en cambio, la fe se basa en dos pretensiones: una cognitiva y otra soteriológica. A este respecto, el predecesor de Francisco aludió a un rasgo del mensaje cristiano al que han hecho referencia, cada uno a su modo, diversos pensadores contemporáneos. Por ejemplo, M. Gauchet sostiene una tesis parecida cuando afirma que el cristianismo es la «religión de la salida de la religión»; R. Girard, siguiendo un razonamiento similar, sostiene que el cristianismo tiene un efecto desmitificador.

La fe, asimismo, supone una revolución en el propio ámbito de la razón filosófica, ya que no se limita a aceptar la comprensión griega de la racionalidad, sino que la transforma. Sin esta dimensión, el cristianismo no habría pasado de ser un culto privado. Al hilo de ello, Ratzinger prestó atención a un hecho sumamente elocuente: y es que existe más proximidad entre el cristianismo y la filosofía griega que entre aquel y las religiones paganas. De hecho, Cristo potencia la filosofía porque permite tomar conciencia de los límites de la razón clásica y la extiende apelando al misterio y lo sobrenatural. Por otro lado, revela que el fundamento del ser no es una entidad abstracta, sino una persona, enriqueciendo de un modo definitivo el ámbito de la razón con el del amor. En este sentido, supera la primitiva teología natural elaborada por los griegos apostando por el teísmo, es decir, un Dios cercano, que crea por amor al hombre y que lo sostiene en la existencia. Frente al eros griego, el cristianismo aporta la noción de ágape. En palabras de Ratzinger:

> Los principales enunciados bíblicos acerca de Dios son la creación y la revelación (la encarnación) y ambos presuponen la actividad de Dios hacia el exterior y la relación hacia el exterior; pero ambas cosas son imposibles desde el punto de vista de la metafísica griega. Se vislumbra que la síntesis patrística se halló en el fondo ante los mismos problemas que hoy día nos impone con nuevo apremio el encuentro con la historia de la religión[35].

Estos procesos tienen, como es lógico, su repercusión tanto en el desarrollo de la teología como de la filosofía y explican la vitalidad de la historia de la cultura y el pensamiento cristianos. Al tiempo, son indudablemente una fuente de tensiones.

## LA SABIDURÍA, DON DE LA FE

«El cristianismo se presentó en el mundo con la conciencia de un encargo universal». Esta afirmación de Ratzinger descubre el carácter misionero —apostólico— de la nueva fe y fortalece su íntima conexión con la razón: como verdad, su destinataria es la comunidad de todos los hombres, la humanidad, el género

---

35   J. Ratzinger, *Fe, verdad y tolerancia, op. cit.,* p. 33.

humano en su conjunto. Esta peculiaridad aleja al cristianismo de la religión primitiva, cuyos rituales estaban asociados a un determinado contexto cultural e incluso étnico.

La universalidad del cristianismo patentiza tanto como realza su vocación apostólica. Aparece, casi a la vez, como un antídoto que protege e inmuniza frente al relativismo. Porque si el Evangelio concede el don de la verdad gratuitamente, quien lo recibe está obligado a comunicar «también esa verdad al otro, respetando, sí, su libertad, porque de otra manera no puede actuar la verdad ni puede haber amor»[36]. En estas consideraciones, Ratzinger sigue lo señalado por Guardini, quien señalaba: «El primer paso ante un tú es apartar las manos. El amor no comienza con un movimiento hacia el otro, sino con un retroceder ante él»[37].

De esa manera, a la luz de la expansión cristiana, la apropiación de la herencia filosófica pagana, a la que contribuyeron los apologetas y los primeros padres de la Iglesia, no fue sino el medio que permitió que se llevase a término el proceso iniciado para predicar el evangelio a todos los pueblos. Gracias a esa influencia, que nacía del convencimiento de la verdad de Cristo, fue posible la expansión de la fe, «su hablar hacia fuera».

Esta «racionalidad» interna del cristianismo es lo que ha permitido, ciertamente, la inculturación de la fe en cualquier contexto, en la medida en que, en cuanto verdad, pertenece a todo ser humano. Sin embargo, ha ocasionado problemas, especialmente en la época posmoderna. Y es en este punto donde tanto el diagnóstico como la terapia de Ratzinger dan en el clavo: el cristianismo puede estar en crisis porque convive con un humus cultural que no arraiga en la verdad, pero es, sin lugar a dudas, su fármaco porque transmite el valor de

---

36  *Ibidem*, p. 94.
37  R. Guardini, *Mundo y persona*, Encuentro, Madrid, 2002, p. 115.

lo verdadero y la importancia —personal, social, cultural y salvífica— de su compromiso con el bien, la verdad y la belleza.

Tanto desde un punto de vista bíblico como existencial, la remisión inherente de la fe a la verdad permite afirmar que aquella virtud teologal es el camino de la sabiduría. Benedicto XVI veía con preocupación el desprestigio contemporáneo de los sabios, lo que contrasta con la noción católica, en la que la sabiduría constituye un importante don del Espíritu Santo. Con independencia del significado que se le otorgue, lo cierto es que el fin de la metafísica y la crisis del pensar filosófico y teológico, a lo que hay que unir el desprestigio de la verdad en época de pensamiento débil, han llevado a la difusión del relativismo y, por tanto, al predominio de los valores materiales. Y en ese contexto, la reflexión pausada y el depósito axiológico que se asocian al sabio no están de moda.

Con todo, el significado y desarrollo histórico de la sabiduría resulta complejo, como muy bien indicó el Papa emérito. Sobresale, sin embargo, en la historia del término su relación con lo humano: sabio tiene que ver con la realización plena de la persona. El análisis de Ratzinger, nuevamente, parte del estudio de las dos fuentes que conforman lo idiosincrático del cristianismo: la Biblia y la Filosofía. En relación con la Escritura, pone de manifiesto, precisamente, que la sabiduría en un sentido primitivo estaba también ligada con el éxito inmediato en la vida. Esta concepción entró en crisis y comenzó a vincularse a la idea de intimidad con Dios, como manifiesta el libro de Isaías. De esta tradición, en la que el sabio es quien abandona su propio interés, su propia voluntad, para hacer la voluntad de Dios, brota la sabiduría entendida como don del Espíritu Santo.

Mediante esta exégesis, Ratzinger llega a la conclusión de que la sabiduría implica una relación de intimidad entre el hombre y Dios. Por otro lado, advierte del riesgo de entender la sabiduría de un modo exclusivamente cognitivo: no es un asunto meramente intelectual. La sabiduría es un conocimiento, pero no es una acumulación erudita de datos, sino que implica toda la existencia del hombre y, por tanto, «es vida»[38].

Al vincular la sabiduría con la existencia y la participación en la realidad divina, se enfrentaba a las visiones cristianas que recaen en cierto gnosticismo, un peligro, por cierto, que subyace a la pretensión de superioridad de la fe del teólogo frente a la fe de los sencillos. En otras palabras, hay que rechazar la idea de que la sabiduría implica el conocimiento científico, mucho menos si este último se entiende en sentido moderno. Ni la fe ni la sabiduría constituyen un mero conocimiento intelectual reservado a los más preparados; por el contrario, de cara a esas instancias, las personas *sencillas* son las que más sentido común poseen. Cristo, en otro orden de cosas, modifica la noción de la sabiduría: en la medida en que se presenta como Dios encarnado, como sabiduría encarnada, sabio será aquel que se encuentre en comunión con Jesucristo.

Siguiendo a Sócrates y Platón, la sabiduría tiene que ver con el conocimiento de la verdad, pero, frente a la concepción reduccionista de la misma que predomina desde la modernidad, la verdad se refiere en este caso a los fundamentos de la existencia —a la búsqueda y amor a la verdad, según la etimología de la palabra filósofo— y, por tanto, es más amplia que lo científico. De hecho, el predominio de lo científico-instrumental es precisamente lo que ha hecho, en opinión de nuestro teólogo, que el valor de la sabiduría quede en entredicho.

Así, pues, en la sabiduría se da cita la herencia bíblica, que advierte de que implica relación con Dios, y la griega, para la que aparece como un saber profundo, diferente del científico.

> Frente a la ciencia, la sabiduría aparece como la apertura del hombre al todo, al fundamento soportador de lo eterno. Se identifica con aquel estar en camino del hombre; es, incluso,

---

38   J. Ratzinger, *Teoría de los principios teológicos, op. cit.*, p. 427.

aquella inquietud que le impele a ser peregrino hacia lo eterno y le impide contentarse con menos. De la ciencia aprende la sobriedad, el realismo, la exactitud, el cuidado metódico; pero también es crítica respecto al saber científico, en el sentido de que reprueba la autosuficiencia de la ciencia, denuncia sus límites y sus puntos débiles y pone de relieve, en cambio, la lógica de lo eterno, de lo divino[39].

Pero la fe no es lo mismo que la sabiduría. No se identifican porque existe una sabiduría, como se ha visto, pagana. Para la sabiduría propiamente cristiana, la fe es la puerta de entrada a la misma, el fundamento que la posibilita. Ratzinger, sin embargo, es consciente de que existen formas diversas — unas más profundas, otras menos— de vivir la fe y, por tanto, de existencia. Y la Gracia, concluye, abre a las más altas —y sabias— de ellas.

---

39  *Ibidem*, p. 434.

# EL DIOS DE LA FE Y EL DIOS
## DE LOS FILÓSOFOS

Tal vez no exista un autor que haya inspirado tanto el pensamiento de Joseph Ratzinger, con independencia de su querido Agustín, como el filósofo francés Blaise Pascal (1623-1662). Hasta tal punto es así que, en una de sus primeras obras, se sirve de una conocida expresión del autor de los *Pensamientos* para repensar las relaciones entre metafísica y teología. Como se sabe, Pascal cosió en el interior de su abrigo un documento en el que explicaba la supuesta revelación de la que fue destinatario el 23 de noviembre de 1654. Ese día, el científico galo, apasionado por las matemáticas y el avance del conocimiento, se desvaneció y tuvo una visión religiosa que le convenció de la superioridad del Dios de la revelación cristiana frente al abstracto que proponía la especulación de los filósofos.

## PERSPECTIVAS SOBRE DIOS

Partiendo del memorial pascaliano, Ratzinger reflexionó sobre las similitudes y diferencias existentes entre la concepción cristiana de Dios y la que ofrece el análisis de la teología natural. La cuestión no es accidental: le permitirá, entre otras cosas, examinar la relación entre la religión revelada y la metafísica o teodicea. Sobre la base de la distinción del francés, se pueden sintetizar dos posturas fundamentales en torno a quién es realmente Dios.

La primera es la tomista[40]. En el marco de la reflexión sistemática de Tomás de Aquino, se afirma la identidad entre el Dios que se revela en la Escritura y la divinidad que descubre la razón mediante el análisis de la causalidad en el mundo. La traducción griega de la Escritura, en la que Yahveh se identifica como «Yo soy el que es» (Ex 3, 15), supone la identificación entre el nombre bíblico de Dios y concepto filosófico, de modo que la fe termina casando con la ontología. Santo Tomás es el ejemplo paradigmático de la doctrina filosófica sobre Dios, a la que da forma definitiva gracias a su interés por enriquecer los datos de la revelación con aquellos que ilustran la razón natural. En su construcción, la teodicea es el campo en el que se descubren y analizan los *praeambula fidei*, las verdades que son objeto tanto de la inquietud filosófica como de la revelación, y que son como un puente para unir ambas disciplinas. El peligro de esta postura es pasar por alto que la fe es una virtud teologal. Por decirlo con toda la claridad: pudiera ocurrir que un escrúpulo acentuado sobre lo que supera la razón devaluara el sentido sobrenatural y se terminara concediéndola demasiado. Por esta causa, hay que ser muy precavidos y criticar a esas corrientes escolásticas que *racionalizan* extremadamente la teología, haciendo casi superflua casi la fe.

La segunda opción es la de Pascal, quien, según parece, diferenció la esfera de la razón y de la revelación, reputándolas absolutamente incompatibles. Bajo este prisma, no hay familiaridad ni simetría entre la identidad del Dios bíblico —con nombre, capaz de apelar y salir al encuentro del ser humano— y la idea de lo Absoluto, como una instancia superior ilimitada, infinita, casi abstracta, tal y como piensa el deísmo.

---

40  J. Ratzinger, *El Dios de la fe y el Dios de los filósofos*, Encuentro, Madrid, 2006, p. 13 y ss.

Esta distinción es relevante porque en la dualidad entre el Dios de la fe y el Dios de los filósofos se decide la fundamentación última de la metafísica. La cuestión afecta del mismo modo al tema central de este ensayo: el problema de la racionalidad. Porque si el Dios al que accede la filosofía no está de algún modo conectado con el de la revelación, se debería concluir que fe y razón son del todo incompatibles, con lo que se desproveería de sentido a la teología. Se anularía, en fin, su logos y, por esa razón, sería del todo imposible comprender el mensaje revelado. Pero ¿qué sería la teología si de ella desapareciera el luminoso horizonte de la verdad? Acaso constituiría una mera superstición, un ejercicio de esoterismo, al igual que la astrología. Al tiempo, la fe dejaría de realizar su función terapéutica sobre la razón y esta no podría ser ensanchada. En definitiva: si teología y metafísica son incompatibles, la racionalidad quedaría encerrada en los estrechos límites de lo fenoménico y no podría abrirse y ampliarse a lo que la excede, funda y la dota de significado.

Pero estas no serían las únicas consecuencias. Hay que llamar la atención sobre otra repercusión que transformaría la propia naturaleza de la fe cristiana y la despojaría de una de sus principales señas de identidad, es decir, de una de las cualidades que permiten diferenciar su aportación de la de otras cosmovisiones religiosas: su connaturalidad con la razón. Al hilo de estas ideas, Ratzinger acostumbraba a citar a uno de los pensadores que con mayor perspicacia ha ahondado sobre la noción de ser supremo y mejor ha abordado su desarrollo histórico: el teólogo protestante Wolfhart Pannenberg. Para este, el abandono de la teodicea, es decir, la desaparición de la cuestión de Dios en el ámbito filosófico, iría en detrimento de la universalidad de la fe cristiana, en la medida en que la racionalidad y, por tanto, la verdad, es una de los atributos que provee al mensaje salvífico del cristianismo de su carácter universal[41].

La solución a la disyuntiva que plantea en su conocido texto Pascal ha de pasar, según Ratzinger, por demostrar que la verdad y la razón constituyen un patrimonio compartido por la filosofía y la teología. Nada mejor en esta tesitura que apoyarnos en la doctrina sobre los diferentes tipos de teología que san Agustín atribuye a Varrón. Según este último, hay tres discursos sobre Dios: el civil (teología política), en el que los dioses tienen la misión de mantener y proteger la cohesión social; el poético (teología mítica), que es el propio de los teatros y de las obras literarias; y, por último, el natural, el de los filósofos[42]. Este —y solo este— hace referencia a la verdad; Varrón fue un pionero al reconocer que la teodicea se propone ofrecer un discurso racional y verdadero sobre Dios, suponiendo que el bagaje de la razón natural queda enriquecido con las notas del ser divino que nos da a conocer la revelación en el Sinaí. Ratzinger aclaraba que lo idiosincrático de Yahveh no es ni el monoteísmo ni la unicidad de Dios: es que se manifiesta como Persona, un ser que apela al hombre y con el que el ser humano puede relacionarse.

A diferencia de lo que pensaba Pascal, un estudio minucioso de la excepcionalidad de la fe cristiana muestra que el Dios que se le apareció a Moisés es el mismo ser perfecto que comparece a la luz de la inteligencia cuando el ser humano investiga sobre el fundamento de lo real, aunque lo supere y desborde.

---

41  W. Pannenberg, *Una historia de la filosofía desde la idea de Dios*, Sígueme, Salamanca, 2016, *passim*.

42  El de Hipona se refiere a las teologías de Varrón en el libro y siguientes. Cfr. San Agustín, *La ciudad de Dios*, BAC, Madrid, 2022, p. 238.

# EL CRISTIANISMO Y OTRAS RELIGIONES

La fe cristiana se caracteriza por su pretensión de verdad, lo cual, en un contexto relativista, en el que se desconfía de la capacidad humana por alcanzar lo que las cosas son, es difícil de asumir. Menos aún se puede adherir con facilidad a esa oferta religiosa el sujeto contemporáneo si se parte de que el dogma enseña que la salvación solo y exclusivamente se obtiene a través de Cristo y que este pertenece propiamente a la Iglesia católica. Ese monopolio teológico puede ser interpretado incluso como una muestra de arrogancia, como una falta de respeto, razón por la cual, a pesar de su dedicación a la teología y al servicio episcopal, Ratzinger se ocupó de temas propios de la filosofía e historia de las religiones. Mientras era prefecto y auspiciada por él mismo, la Congregación para la Doctrina de la Fe publicó la declaración *Dominus Iesus sobre la unicidad y la universalidad salvífica de Jesucristo y de la Iglesia.* Corría el año 2000 y, entre otras cosas, allí podía leerse lo siguiente:

> Para poner remedio a esta mentalidad relativista, cada vez más difundida, es necesario reiterar, ante todo, el carácter definitivo y completo de la revelación de Jesucristo. Debe ser, en efecto, firmemente creída la afirmación de que en el misterio de Jesucristo, el Hijo de Dios encarnado, el cual es «el camino, la verdad y la vida» (Jn 14,6), se da la revelación de la plenitud de la verdad divina [...]. Por lo tanto, es contraria a la fe de la Iglesia la tesis del carácter limitado, incompleto e imperfecto de la revelación de Jesucristo, que sería complementaria a la presente en las otras religiones. La razón que está a la base de esta aserción pretendería fundarse sobre el hecho de que la verdad acerca de Dios no podría ser acogida y manifestada en su globalidad y plenitud por ninguna religión

histórica, por lo tanto, tampoco por el cristianismo ni por Jesucristo[43].

En el marco de la historia del pensamiento y la cultura es posible, a juicio del teólogo alemán, distinguir tres propuestas sobre la relación del cristianismo con las religiones no cristianas[44]:

1. Exclusivismo. Se trataría de la opción representada por Karl Barth. Desde este punto de vista, y partiendo de la inconmensurabilidad entre Dios y realidad creada, se diferenciaría entre la fe en Cristo que salva y las religiones. La fe es un don y, por tanto, la iniciativa en ese caso es de Dios. La religión para Barth incluiría, sin embargo, todos los rituales humanos mediante los que el hombre trata, infructuosamente, de elevarse a Dios. Frente a ellos, se erige la Gracia, don gratuito e incomprensible de Dios, que salva la distancia entre Él y las criaturas.

2. Inclusivismo. Ratzinger enmarcaba aquí la tesis del teólogo católico Karl Rahner (1904-1984), para quien el orden natural se encuentra orientado hacia la salvación en Cristo, de manera que se puede decir que las religiones no cristianas también conducen a Él. Rahner, que empleó la filosofía de Heidegger para lidiar con problemas teológicos, fue quien acuñó la conocida expresión *cristianos anónimos*, para referirse precisamente a quienes no han aceptado formalmente la revelación cristiana.

3. Pluralismo. Bajo este prisma, todas las religiones serían iguales y, por tanto, la exclusividad dogmática a la que se adhiere la Iglesia católica es equivocada. En efecto, para

---

43  Congregación para la Doctrina de la Fe, Declaración *Dominus Iesus sobre la unicidad y universalidad salvífica de Cristo y su Iglesia*, 2000, núms. 5 y 6.

44  J. Ratzinger, *Fe, verdad y tolerancia, op. cit.*, p. 73.

el catolicismo, como se ha dicho, la salvación procede únicamente de Cristo y la Iglesia es la única depositaria de la revelación evangélica. El pluralismo religioso sería una consecuencia de la pérdida de la verdad y, por tanto, constituye uno de los corolarios de la posmodernidad en el campo de la teología, según Benedicto XVI.

Ratzinger rechaza la teoría de Barth porque le resulta inaceptable la distinción entre fe y religión tal y como este la plantea e implicar incurrir en la irracionalidad. No pasa por alto, sin embargo, lo aportado por la teología dialéctica, que buscaba enfrentarse al excesivo racionalismo. Pero según nuestro teólogo, el cristianismo es una religión, aunque no solo sea una religión. Por otro lado, con el inclusivismo y el pluralismo, aunque evidentemente más en este último caso, se corre el riesgo de rebajar la exclusividad redentora de Cristo, haciendo realidad ese sueño kantiano de una religión dentro de los límites de la mera razón. Es un fenómeno frecuente en la exégesis contemporánea —y, sin duda, uno de los factores que llevó a Benedicto XVI a preocuparse por la figura histórica de Jesús— acercarse a Cristo como si fuera un personaje con un importante mensaje moral o, en todo caso, como si revelara «lo divino de manera no exclusiva sino complementaria a otras presencias reveladoras y salvíficas» (*Dominus Iesus*, 9).

Ese empobrecimiento de la exégesis bíblica es consecuencia del modelo de razón que se impone en la época moderna, que aboca a la teología inexorablemente a la más absoluta irracionalidad. Al socaire de diversas transformaciones que devalúan lo sobrenatural, surgió, en el plano de la contestación, el romanticismo teológico que desvincula la fe de la razón y la supedita al sentimiento. La figura paradigmática de este movimiento fue Friedrich Schleiermacher, para quien la religión es el «sentimiento de dependencia» de lo limitado a lo ilimitado, de lo temporal a lo eterno y de lo finito a lo infinito. El romanticismo teológico se inclina por situar la fe en el campo de lo emocional, desgajando la teología de la verdad. Se trata de una corriente muy presente en el mundo contemporáneo y que se evidencia en las formas sincretistas de vivencia religiosa y en la orientación sentimentalista de muchas prácticas o cultos. No es de extrañar que, extirpada la razón de la religiosidad, se incline por el camino del misticismo. Señala al respecto lo siguiente:

> El místico se sumerge en el océano del Todo-Uno, ya sea que ello, en acentuada *theologia negativa*, se describa como «Nada», o bien, en sentido positivo, como «Todo». En el último peldaño de semejante experiencia, el místico no dirá a su Dios: «Yo soy Tuyo», sino «Yo soy Tú». La diferencia queda en lo provisional; lo definitivo es la fusión, la unidad[45].

Confundir la religión con la mística es uno de los errores de la actual filosofía de la religión, una confusión que explica el excesivo atractivo de la espiritualidad oriental en nuestro contexto cultural[46].

Estaría equivocado quien viera en esta diagnosis un intento por rebajar o menospreciar las aportaciones de otras tradiciones religiosas. Lo que se pretende con ello, más bien, es situarlas en su contexto y, especialmente, investigar en qué medida aparecen en su seno elementos positivos que puedan entrar en el plan divino de salvación, explica la Declaración *Dominus Iesus*. Lo importante de esos credos religiosos es que reconozcan, y ellos mismos sean conscientes, de su carácter de adviento, pues son señales que indican que Cristo viene, sugería el Papa

---

45  *Ibidem*, p. 30.
46  Para entender lo que quiere decir nuestro pensador, es importante advertir que la fe cristiana es ortopraxis, pero también ortodoxia, como se ha apuntado.

alemán, quien llegó a comparar su función con la de las estrellas que guiaron a los magos al lugar en que nació Jesús.

## LA FE CRISTIANA, ALGO MÁS QUE UNA RELIGIÓN

Abordemos ahora la diferencia entre la fe cristiana y el resto de las tradiciones espirituales, partiendo de una idea sumamente brillante de Ratzinger: el que fuera Obispo de Múnich y Frisinga indicaba que el cristianismo es una religión, pero algo más. En sus propias palabras: «es un sí y un no a ellas». Para ahondar en lo que quería decir, debemos primero explicar las diversas etapas que atraviesa la irrupción del fenómeno religioso.

Así, en un primer momento, habría aparecido lo sagrado en las religiones antiguas y primitivas, a las que les sucedieron las religiones míticas como forma de expresar el reconocimiento de lo sobrenatural. Ratzinger señalaba, de acuerdo con su peculiar visón de la historia de las religiones, que esas imágenes fueron superadas mediante dos avances o revoluciones: la mística y la monoteísta. En el primer caso, los mitos elaborados en torno a las divinidades perdieron protagonismo frente a la vivencia personal de lo absoluto. La revolución monoteísta tuvo lugar tanto en el seno de la propia religión, gracias, primero, a la revelación bíblica, en donde Yahveh se revela como el único Dios, y, en segundo término, a la Ilustración griega, en la que la razón alcanza a concluir la unidad como atributo inexorable de lo absoluto. De hecho, «el cristianismo primitivo llevó a cabo una elección purificadora: se decidió por el Dios de los filósofos frente a los dioses de las otras religiones»[47].

Sin embargo, hasta la aparición del cristianismo habría existido una contraposición entre la estructura de la religión,

---

47    J. Ratzinger, *Introducción al cristianismo*, *op. cit.*, p. 117.

centrada en la piedad y en el culto, y la Ilustración, vertebrada sobre la racionalidad. Aparecía la religión como vivencia, praxis, norma, mientras que la filosofía partía de una actitud teórica que anhelaba el conocimiento por el conocimiento y, por este motivo, estaría en contradicción con la propia disposición religiosa, más experiencial y concreta.

El cristianismo funda su excepcionalidad en tanto religión precisamente en su doble condición: por una parte, hereda la configuración religiosa antigua —un hecho fácilmente observable en sus ritos—, pero, por otra frente a las religiones antiguas, supone una revolución ilustrada, en la medida en que las purifica de lo irracional y las acerca al dominio de la filosofía. En palabras de Ratzinger:

> La fe cristiana buscó su prehistoria ante todo en la ilustración, es decir, en el movimiento de la razón contra una religión que tendía al ritualismo […], pero la fe cristiana no separa ilustración y religión, no pone una contra la otra, sino que las vincula como una estructura en la que ambas han de purificarse y ahondarse mutuamente de manera constante[48].

Tendremos ocasión de verlo con más detenimiento cuando nos refiramos al secularismo moderno.

## TRASCENDENCIA E INMANENCIA

En su crítica a la estrechez de la razón en el planteamiento positivista, Ratzinger supuso que, debido a la relación estructural entre razón, realidad y verdad, el encogimiento de lo racionalconllevaba ineludiblemente un angostamiento de lo real. Y es que con un enfoque determinado, los ámbitos que superan

---

48  J. Ratzinger, *Fe, verdad y tolerancia, op. cit.*, p. 75.

el estrecho marco de lo medible y cuantificable estarían abocados a la más absoluta irracionalidad. Pero las consecuencias de todo ello no solo son de índole epistemológica, es decir, no afectan solo a la extensión de la razón, sino que son metafísicas y existenciales, en la medida en que la experiencia de lo trascendente es constitutiva del hombre. Desposeerle de ella deja secuelas significativas.

Muchos son los pensadores que, junto con el autor de *Jesús de Nazaret*, han advertido esta circunstancia, así como del empobrecimiento de una existencia humana desarrollada de espaldas a la trascendencia. Entre ellos, merece la pena destacar las consideraciones efectuadas por Eric Voegelin, quien buscó delimitar rigurosamente y desde un prisma cultural la inmanencia de la trascendencia[49]. Voegelin es conocido principalmente por haber insistido en el carácter gnóstico de la modernidad y por recorrer la historia de las sociedades humanas partiendo precisamente de su reconocimiento del ser trascendente. Como Ratzinger, pensaba también que el hombre se constituye por la experiencia de la trascendencia, explicando al mismo tiempo que, a tenor del desarrollo histórico, se pueden distinguir las sociedades compactas y las diferenciadas, es decir, las que aceptan la distinción entre el ámbito trascendente y el inmanente y las que no lo hacen.

Para Voegelin, fueron precisamente las tradiciones judía y griega las fuentes de esa diferenciación. Se trata de dos culturas que se destacan, en primer lugar, por separar el orden sobrenatural y el inmanente o natural, entreverados en las simbolizaciones anteriores, una tesis que podría compartir Ratzinger. En segundo lugar, coinciden en advertir que el mundo inmanente depende del transcendente trascendente, pues la fuente del ser es este último y, por tanto, que lo real no se encuentra a

---

49  Para ello, se puede consultar J. M. Carabante, *Perfiles filosóficos*, Thomson-Reuters Aranzadi, Pamplona, 2022, p. 19.

disposición del hombre, puesto que este, en tanto criatura, participa de aquel.

En coherencia con sus reconocidas inclinaciones platónicas, Ratzinger también insistió en superar la noción moderna de autonomía. En sus predicaciones sobre la creación, por ejemplo, propuso recuperar la conciencia de pertenencia de lo creado respecto de su Creador. Frente a la idea de un ser autónomo, que puede conducir a una concepción absoluta de la libertad, llamó la atención sobre la importancia de reconocer la naturaleza humana y sus límites como las condiciones de posibilidad de su ejercicio y, por tanto, de entender el ser del hombre y su libertad como dones recibidos. No es exagerado afirmar que el olvido de la estructura donal del mundo y la existencia humana constituye una de las repercusiones del abandono de la metafísica.

La diferencia entre trascendencia e inmanencia no debe suscitar la impresión de que se trata de dos regiones separadas o independientes. No pueden serlo, puesto que la trascendencia es el fundamento o base de la inmanencia y porque de algún modo en esta última aparece el humus o la fuerza de la primera. Esto es algo que advierten los sabios griegos en su planteamiento ontológico y que hereda la fe cristiana. «La fe pretende ser revelación, ya que parece superar el abismo que yace entre lo eterno y lo temporal, entre lo visible y lo invisible, y porque a Dios nos lo presenta como un hombre, al eterno como temporal, como uno de nosotros»[50]. La verdad de estas últimas consideraciones exige incorporar al pensamiento —tanto filosófico como teológico— una idea a la que la metafísica, sin el auxilio de la revelación, no pudo llegar. Se trata de la idea de creación *ex nihilo*, pues la posibilidad de intervenir desde la trascendencia en el ámbito inmanente del desarrollo

---

50   J. Ratzinger, *Introducción al cristianismo, op. cit.*, p. 51.

histórico únicamente está al alcance de un Dios que es creador y señor de la historia y, por tanto, de toda la realidad creada.

Hechas estas consideraciones, hay que señalar que uno de los principales y más recurrentes *leitmotiv* del anterior pontífice fue destacar el poder de Dios sobre el mundo. A diferencia del deísmo — y tal vez para superar la tentación de incurrir en él—, Ratzinger subrayó la capacidad divina para penetrar en el universo e intervenir en la materia. Creer en la resurrección implica creer en la historicidad de la acción escatológica de Dios, en la posibilidad de que Dios, que está por encima del tiempo, actúe en él, razón por la cual siempre impugnó aquellas opciones teológicas que, bajo el pretexto de asumir rigurosamente la verdad de la ciencia, dudaban del alcance histórico de los Evangelios o fundaban esa espuria distinción entre el Jesús de la historia y el Cristo de la fe. Porque no puede haber Jesús sin Cristo y es preciso referirlos mutuamente. «En realidad Jesús no existe sino como Cristo, y Cristo no existe sino en Jesús», afirmó con contundencia Ratzinger[51].

La tesis de la creación a partir de la nada tiene implicaciones de vasto alcance en el campo religioso, así como en el filosófico. Sirve, por ejemplo, para apoyar la racionalidad de Dios y, consecuentemente, la inteligibilidad del mundo, haciendo posible el conocimiento, la verdad, las ciencias y su progreso o avance. Dios es racional y espíritu; el espíritu es capaz de producir la materia, de modo que lo real posee la impronta o refleja la condición racional de su creador. La vinculación entre Dios, Razón y Mundo fundamenta una de las principales aportaciones de la metafísica cristiana y uno de los puentes que enlazan y armonizan fe y razón. Se trata de la *analogia entis*. Porque algo idiosincrático de la fe en Jesús era la reafirmación de la capacidad del ser humano por alcanzar el conocimiento, aunque imperfecto,

---

51  *Ibidem*, p. 189.

del ser divino. Este conocimiento es analógico o indirecto y mediante él se alcanzarían verdades sobre Dios leyendo en la obra de su creación. La *analogia entis* supone hacer realidad aquello que indica el Libro de la Sabiduría: «Partir de la hermosura y grandeza de las cosas, para descubrir, por analogía, a su Creador» (Sabiduría 13, 5) y dar la razón a san Pablo cuando afirmaba que «lo invisible de Dios, desde la creación del mundo, se manifiesta a la inteligencia a través de sus obras: su poder eterno y su divinidad» (Romanos 1, 20). Las pruebas de la existencia de Dios propuestas por santo Tomás de Aquino encuentran aquí su fundamento.

La idea de Creación distancia a Grecia de la fe cristiana. La física aristotélica sostenía la eternidad del mundo: de ahí, entre otras razones, que no se planteara la pregunta por la causa eficiente del universo, por un lado, y por otro, que no concibiera la posibilidad de la nada. Se puede entender mejor este aspecto la falta de sintonía entre el cristianismo y la filosofía precristiana si se si se recurre a la transformación de la concepción del amor: al cambio, en fin, de Eros por Ágape. Justamente es este uno de los temas que trata la encíclica *Deus caritas est*, donde precisó que el cristianismo no destruye a Eros, sino que lo lleva a su madurez y grandeza mediante la distinción entre el amor como búsqueda y el amor como oblación. La palabra Eros:

> Es reemplazada después por el término «ahabá», que la traducción griega del Antiguo Testamento denomina, con un vocablo de fonética similar, «agapé», el cual, como hemos visto, se convirtió en la expresión característica para la concepción bíblica del amor. En oposición al amor indeterminado y aún en búsqueda, este vocablo expresa la experiencia del amor que ahora ha llegado a ser verdaderamente descubrimiento del otro, superando el carácter egoísta que predominaba claramente en la fase anterior. Ahora el amor es ocuparse del otro y preocuparse por el otro. Ya no se busca a sí mismo, sumirse en la embriaguez de la felicidad, sino que

ansía más bien el bien del amado: se convierte en renuncia, está dispuesto al sacrificio, más aún, lo busca[52].

## PENSAR LO ABSOLUTO

Puede decirse que la preocupación de la filosofía por la cuestión de lo absoluto constituye una de las principales constantes de la historia del pensamiento. Incluso explica el nacimiento de la metafísica, ya sistematizada por la filosofía aristotélica. La búsqueda de un fundamento del ser trascendente constituye uno de los logros del espíritu griego. Sin embargo, el enfoque de la ontoteología aristotélica, en la que se concebía lo absoluto en la abstracción de un Acto Puro y se definía su actividad como «pensamiento que se piensa a sí mismo», se aleja radicalmente de la manifestación de Yahveh. De ahí que, en el marco de la metafísica griega, tanto en el demiurgo platónico como en la filosofía natural aristotélica, se partiera de la eternidad de la materia y el mundo, respectivamente.

El cristianismo enriqueció tanto la concepción pagana como mística de lo absoluto, puesto que antes de su síntesis, Dios era un ser alejado del ser humano, sin relación con el mundo. Este desarrollo Ratzinger lo resumió del siguiente modo: «El cristianismo arranca la cuestión del absoluto del marco filosófico y del de las religiones paganas, con el fin de situarlo en el campo de la fe. Una vez purificado, la nueva concepción de la divinidad trastoca y revoluciona tanto el pensamiento no religioso como a la propia religión»[53].

La cuestión no es baladí: si, en efecto, el cristianismo depuró la racionalidad abstracta del absoluto pagano y el vacío esotérico

---

52   Benedicto XVI, *Deus caritas est*, Palabra, Madrid, 2006, núm. 6.
53   J. Ratzinger, *El Dios de la fe y el Dios de los filósofos, op. cit.*, p. 31.

de las religiones místicas, reconociendo la condición personal de Dios —es más, afirmando, como sostiene santo Tomás, que Dios es persona en grado sumo—, el deísmo moderno se podrá interpretar como un retroceso inexplicable. ¿A qué suponer que la Ilustración es la época del progreso si, en lugar de llegar al tercer estadio del que hablaba Comte, en realidad constituye un retorno al deísmo pagano? Por otro lado, es necesario atender a la continuidad que existe entre el deísmo y el ateísmo, pero también entre el primero y el indiferentismo religioso, que en la actualidad sucede a la negación explícita de Dios, en la medida en que esta es cabalmente una de sus principales secuelas. Porque es difícil determinar las razones por las que uno debería preocuparse del más allá o satisfacer sus anhelos de sentido cuando imagina a Dios como un ser impreciso y lejano.

En este contexto se entiende que Ratzinger exigiera y reclamara con tesón que el tema de Dios volviera al centro de la discusión teológica y cultural. Así lo afirmó, por ejemplo, en una de sus últimas intervenciones como Papa emérito, también envuelta en polémica. Al hilo de los escándalos en la Iglesia, Benedicto XVI dio a conocer un texto («La Iglesia y el escándalo de los abusos sexuales») en el que atribuía gran parte de lo sucedido al olvido en que había caído la teología moral y a la influencia de ciertas modas filosóficas, en ocasiones contrarias a la fe católica, en la formación de los sacerdotes. El texto del Papa suscitó algunas críticas; en concreto la de la profesora Birgit Aschmann, para quien el problema partiría de la publicación de la *Humanae vitae*. En su réplica, Benedicto XVI aludía a la importancia de Dios, lo central de la reflexión humana. Lo citamos en extenso por la claridad con que expone el problema al que nos referimos:

> Me parece que en las cuatro páginas del artículo de la Sra. Aschmann no aparece la palabra Dios, que yo he puesto en el centro de la cuestión. He escrito que «un mundo sin Dios

solo puede ser un mundo sin significado». La occidental es una sociedad en la que Dios está ausente del discurso público y no tiene nada que decir. Y es por ello una sociedad en la que la medida de la humanidad se pierde cada vez más. Por lo que puedo comprobar —concluye Ratzinger—, en la mayoría de las reacciones a mi contribución Dios no aparece en absoluto, y, por tanto, no se debate siquiera lo que quería subrayar como el punto clave de la cuestión. El hecho de que la aportación de Aschmann ignore el pasaje central de mi argumentación, como lo ha hecho la mayoría de las reacciones de las que tengo conocimiento, me revela la gravedad de una situación en la que la palabra Dios parece a menudo marginada en la teología[54].

## CRISTIANISMO, FILOSOFÍA Y MÍSTICA

La noción de divinidad que hace posible el cristianismo tiene, como se ha indicado, efectos regeneradores. Así, a la luz de la nueva verdad revelada, no es extraño que la concepción filosófica de Dios se reputara pobre, sin que ello llevara a los representantes de la patrística a rebajar las aportaciones del pensamiento grecorromano, ni su condición precursora. Concretamente, a la filosofía le han de afectar los principales enunciados bíblicos que dan a conocer al hombre la verdad sobre Dios: en primer lugar, la idea de la creación y, en segundo, la encarnación. En ambos casos, se presupone que Dios actúa e interviene en la realidad, de tal modo que se hace incoherente esa existencia solipsista a la que estaba condenado el acto puro aristotélico.

El cristianismo, además, aclara una distinción de mayor alcance, separando la física de la metafísica. Al hablar de Dios

---

54  Artículo de Benedicto XVI publicado en la revista *Herder Korrespondenz*, núm. 9, p. 51 y ss.

en cuanto a ser creador, establece como cuestión de principio la diferencia entre Dios y lo creado, la naturaleza. O, por decirlo con otros términos, subraya la distinción ontológica básica entre el ente y su fundamento. Al hacerlo, ofrece a la religión la posibilidad de aproximarse a la filosofía. Sin esa separación entre metafísica y física, la religión se desconectaría de la verdad y recaería de nuevo en un estadio más próximo al mito. Asimismo, y no se trata de un logro menor, la fe revela a Dios como persona, capaz de entrar en la historia mediante el misterio del Verbo encarnado. «La fe cristiana no trata simplemente —como a primera vista pudiera pensarse— de lo Eterno como lo absolutamente Otro que queda fuera del mundo y del tiempo humano, sino que trata más bien de Dios en la historia, de Dios como hombre»[55].

Pero la fe operó como una terapia en la superación de la fase mística de la religiosidad. Ratzinger no pasó por alto que el misticismo supuso un avance en el progreso de la conciencia religiosa, porque sirvió para destacar la relevancia de la vivencia trascendente, pero, por otro lado, bajo su comprensión de la divinidad, lo absoluto no podía ser objeto de pensamiento ni reflexión. La relación, entonces, con lo absoluto, no tendría más remedio que trasladarse a la interioridad humana, a profundidades insondables, resintiéndose de ese modo la revelación. Como consecuencia de todo ello, la religión perdería objetividad. Pero el cristianismo no toma ese camino: la fe en Cristo requiere un encuentro y se recibe desde fuera. A diferencia de la vía mística, que se concentra en el yo, el cristianismo «nos lleva a una amplitud de la realidad mayor». La fe cristiana supone una forma específica de situarse frente al mundo, un modo de acceso a la realidad distinto; es una opción, en

---

55   J. Ratzinger, *Introducción al cristianismo, op. cit.*, p. 51.

definitiva, «por lo que no se ve [...] por lo auténticamente real, lo que sostiene y posibilita toda la realidad restante»[56].

Lo que repugna a las religiones místicas es la condición personal de Dios; a causa de ello, se ven imposibilitadas de «pensar lo absoluto» y de hermanar la fe con la razón. La secuela de negar la condición de persona a Dios es el relativismo, ya quesin un Dios con voluntad, todo resultaría indiferente. Lo mismo ocurriría con la verdad, cuya existencia tendría que ser negada. Por tanto, el mundo estaría abocado a la irracionalidad.

El cristianismo, frente a la filosofía griega, implica una ampliación, pues abre a nuevas verdades reveladas y ensancha el ámbito de la racionalidad. La fe aparece, como terapia y purificación. Además, frente a las religiones místicas y míticas, supone una superación: la Biblia da a conocer el nombre de ese supremo antes innombrable, de la misteriosa unidad que crea y redime al mundo por amor.

---

56   *Ibidem*, p. 17.

# HACIA UNA HISTORIA DE LA RAZÓN

A lo largo de la historia se han sucedido diversas concepciones acerca de la razón. A grandes rasgos, se puede distinguir, por ejemplo, el modelo clásico de racionalidad, que permitía al hombre alcanzar las verdades metafísicas, y el moderno, que restringe el conocimiento a la ciencia. Según Ratzinger, este último es deficiente y mutila la capacidad cognitiva humana, pues sugiere que no hay correlación entre el intelecto y lo real. Eso es lo que enseñan, aunque cada uno a su modo, las dos principales corrientes filosóficas de la modernidad: el racionalismo cartesiano y el empirismo inglés. Como es manifiesto, la restricción de la razón que se produjo como consecuencia del auge de la ciencia y la técnica tuvo consecuencias para la fe y determinó la sustitución de la verdad por lo práctico y útil. La posmodernidad únicamente constituye una radicalización de estos fenómenos y la desaparición de la pregunta por los fundamentos del ser, como veremos a continuación en este capítulo en el que exploraremos el desarrollo histórico de los paradigmas racionales.

## RAZÓN CLÁSICA Y RAZÓN MODERNA

Es frecuente explicar la irrupción del pensar filosófico a partir de la transición que tiene lugar en la cultura griega y que decide el paso de las explicaciones mitológicas sobre la realidad a las de índole racional: se trata del conocido paso del «mito al logos». Pero ese cambio no solo determinó el nacimiento de la filosofía, sino también de la ciencia, e implicó el rechazo de las explicaciones que no se atenían a la razón. El cristianismo, cuyo hecho central resume el comienzo del Evangelio de Juan («En el principio fue el Logos») no implica un retroceso; de acuerdo con Ratzinger, constituye una profundización y ampliación de los criterios determinantes de la racionalidad. Eso no ha impedido que a lo largo de la historia se hayan desarrollado diferentes concepciones sobre la razón y que incluso haya quienes, debido a los excesos en los que incurre el racionalismo, optaran por suscribir planteamientos alejados de la coherencia o el sentido común. Así, históricamente, es posible advertir, en relación con la razón y a grandes rasgos, diferentes periodos.

En primer lugar, lo que podríamos denominar la «filosofía clásica» aclaró la estructura de la razón y cómo esta capacidad humana permite acercarse a la realidad. Esto es posible gracias a un rasgo de esta última que comparten los pensadores paganos y los cristianos. Nos referimos a la estructura inteligible del mundo. La idea de que este —sea creación de Dios, o no— está atravesado por el logos es lo que le convierte en familiar con el intelecto humano. Si se careciese de esa analogía o similitud, no se podría conocer lo que nos rodea, lo cual sería devastador tanto para la filosofía como para la ciencia, pues las imposibilitaría.

Tras la «filosofía clásica», comienza la modernidad racionalista. Bajo el prisma cartesiano, la razón se separa e independiza del mundo real y, por tanto, ya no se comprende como una potencia dirigida a ahondar en su misterio. Eso explica que los problemas epistemológicos suplanten a los metafísicos. Con la deriva empirista no se altera para nada ese proyecto: de acuerdo con esta tradición epistemológica, no podemos saber lo que constituye la realidad en última instancia, pero sí profundizar sobre la forma humana de conocer los fenómenos.

La última etapa es la posmodernidad o el irracionalismo, cuya fecha de nacimiento se puede datar con la llamada «muerte del hombre» y el auge del posestructuralismo. Tanto los antecedentes —Nietzsche o Freud— como sus herederos de la *French Theory* comparten idénticos presupuestos: en primer lugar, consideran que hay instancias más importantes que determinan la razón, como la voluntad o el poder, cuyas raíces están ocultas, de las cuales apenas percibimos un escuálido influjo. Por otro lado, afirman que el racionalismo es restrictivo: existen, en su opinión, formas alternativas a la razón, a la realidad y a la filosofía, así como medios de comprensión menos coercitivos o dogmáticos. A nadie se le escapa que esta manera de pensar deja su impronta en la teología, que queda devaluada o disminuida.

Este esquema histórico debe, en cualquier caso, matizarse. Por ejemplo, es importante subrayar que también en el racionalismo quiebra la unidad de la razón teórica y la razón práctica y que, frente a los clásicos, para quienes la razón teórica era superior a la práctica, Kant y sus epígonos contemporáneos promoverán la primacía de la última. Además, en nuestra esquematización se obvian otras corrientes cuya conceptualización de la racionalidad ha sido por otros motivos igual de determinante.

Ratzinger no ha diferenciado detalladamente los diversos modelos de razón ni tampoco ha ofrecido un elaborado análisis sobre la razón clásica. Pero a partir de sus escritos sí que se pueden agavillar diversas consideraciones que aclaran la función de la razón para la filosofía premoderna, entendiendo por ella la que nace con los griegos y alcanza su culminación en la síntesis cristiana de la Edad Media. Especialmente importante para entender el sentido de esta propuesta es la filosofía platónica y el marco metafísico que incuestionablemente se mantiene hasta el nacimiento del mundo moderno.

Aristóteles había llegado a la conclusión de que el Acto Puro era al mismo tiempo «pensamiento que se piensa a sí mismo», si bien no atisbó la posibilidad de un Dios creador. Pero esta suposición del Acto Puro era un componente del que carecía la filosofía platónica, que encumbraba a la Idea de Bien (la Belleza y el Uno) y supeditaba a ella la potencialidad formadora del Demiurgo. Tampoco el Demiurgo es un creador, pero la cuestión a la que se enfrenta esta primitiva teología platónica es la de la posibilidad de una Idea de Bien sin inteligencia —sin razón— que la conciba. Ratzinger, recordando las propuestas de la patrística, sugirió que Dios podía ser esa Razón precedente. De ese modo, nuevamente, el cristianismo vino a completar la verdad que expresaba la filosofía pagana.

Dios es razón creadora y el mundo se conforma de acuerdo con el plan de un logos creador. De ahí que la concepción clásica de la razón tenga tantas consecuencias metafísicas. La revelación nos enseña, junto con la filosofía griega, que es la Razón divina la que crea y que, por tanto, esa obra de la creación posee una racionalidad intrínseca: es inteligible y, por ende, es susceptible de ser comprendida. Esta verdad no se transparentaba, pero al menos cabía intuirla bajo el prisma de la ciencia griega, para la cual el mundo era cosmos antes que caos, es decir, un conjunto ordenado, accesible a la capacidad del hombre. Por otro lado, Dios ha dotado al hombre de razón y por ello la persona es, en cuanto razón, «imagen y semejanza de Dios». Razón y mundo conducen, inexorablemente, a Dios.

## VERDAD Y RAZÓN AMPLIADA

¿Qué ocurre con la verdad? Con las consideraciones anteriores, se ha puesto de manifiesto el marco metafísico en el que se incardina su problemática. Téngase en cuenta que, partiendo de la concepción clásica de la razón, la verdad aparece como objeto de la misma y puede identificarse en última instancia con el ser. Ser es ser verdadero, rezaban los trascendentales, y esto es posible, nos ilustraba Benedicto XVI, porque para el mundo antiguo y medieval, el ser, la realidad, puede ser conocida en tanto creada por Dios, el Entendimiento, la Razón por antonomasia. Y la ha hecho porque la ha pensado. En efecto, «Dios que es Logos nos garantiza la racionalidad del mundo, la racionalidad de nuestro ser, la adecuación de la razón a Dios y la adecuación de Dios a la razón. El mundo viene de la razón, y esta razón es persona, es amor»[57].

Podemos decir que la razón clásica es una razón abierta, ampliada, que no se limita a reducir lo real a lo fenoménico. Una razón, pues, que lee en lo material su procedencia inmaterial: una razón, en definitiva, metafísica, que no restringe la intelección a una región limitada de lo real. Una razón propia de un ser que ha sido definido como *capax universi*.

Además, se trata de una razón comprensiva, no únicamente cognitiva. La razón es la facultad humana que hace posible captar información, pero también permite otra función más profunda: la comprensión. Al igual que la fe, advertía Ratzinger en *Introducción al cristianismo*, la razón alcanza al fundamento último de las cosas y puede captar el sentido de lo real y de la existencia, algo que la modernidad niega. Este rasgo es imprescindible reivindicarlo a fin de mostrar hasta qué punto existen diferencias insalvables entre la inteligencia humana y la artificial. De hecho, el auge de esta última y la confusión en todo lo relacionado con las capacidades de los artefactos ha sido posible porque se ha gestado esa evolución sobre mimbres modernos, en los que, entre otras cosas, se produjo la sustitución de idea de alma por la de mente[58].

En tercer lugar, la razón aspira a la verdad porque la verdad es su objeto propio. Frente a esta determinación con que la filosofía clásica define la finalidad de la razón, otras corrientes

---

57   J. Ratzinger, *Introducción al cristianismo, op. cit.,* p. 29.
58   G. Makari, *Alma máquina*, Sexto Piso, Madrid, 2021, *passim*.

establecerán lo útil, lo hecho (*factum*), etc., como pretensión natural de la misma. A ello hay que añadir la doctrina acerca de los trascendentales: de acuerdo con el pensamiento clásico, hay perfecciones que trascienden a toda la realidad y, por tanto, se aplican a todo lo que existe. Los trascendentales son equivalentes y compatibles entre sí. El ser es, se decía, y es uno, verdadero, bueno y bello.

Por último, hay que resaltar la unidad de la razón. Pese a que los clásicos diferenciaban entre la dimensión teórica de la razón y la práctica con respecto a su fin, para la primera el conocimiento, para la segunda la acción, no ponían en duda la unidad de la razón. La teoría y la praxis serían dimensiones de una misma facultad. Kant quebró el carácter indisociable de los dos sentidos.

Ratzinger reflexionó ampliamente sobre cada una de estas características de la razón a las que hemos aludido y las tuvo siempre en cuenta. Solo una razón abierta es hermana de la fe y, especialmente, del cristianismo, cuyo mensaje —no pararemos de insistir— está totalmente permeado por la fuerza del logos.

## LO NATURAL Y LO SOBRENATURAL

Al hilo de la razón abierta y la relación entre razón y misterio, abordemos ahora una de las problemáticas teológicas más desafiantes que existen: la dualidad entre naturaleza y sobrenaturaleza. Debemos precisar que, desde un punto de vista meramente semántico, lo opuesto a natural sería, más bien, lo antinatural; lo sobrenatural no contradice lo inmanente, sino que, por el contrario, lleva a la naturaleza a su plenitud. Esto lo expresó en una frase conocida santo Tomás de Aquino: «La gracia no destruye la naturaleza, sino que la perfecciona»[59]. Esta es la base ontológica que apoya la armonía entre fe y razón y el motivo de que la fe contribuya a dilatar, gracias al peso en ella de los contenidos religiosos, los márgenes de la racionalidad.

De algún modo, la contribución de la filosofía griega y del cristianismo constituyen hitos insuperables. Su apuesta por la racionalidad y la verdad implica un desarrollo cultural y científico del que no es difícil mostrar evidencias y que ha singularizado, lo quiera o no la llamada cultura de la cancelación, a Occidente[60]. Eso no significa que no sean posibles los avances ni nuevos logros, pero Ratzinger recordaba que tampoco la transformación técnica que hizo posible la ciencia moderna ni la sociedad tecnológica de hoy pueden prescindir del compromiso con la razón y con la verdad, salvo a costa de perder su mordiente científico. La ciencia posee una raíz filosófica que la conecta con las aportaciones griegas y con la síntesis cultural cristiana. En efecto, si lo único que existiera fuera materia inerte, si no procediera de lo racional, la realidad sería ininteligible e imposible de todo punto el desarrollo del conocimiento.

Dejemos que sea él mismo quien nos indique la causa de este hecho, con su claridad habitual:

> Las ciencias naturales se basan en un fundamento filosófico que era platónico. Su idea era que el mundo se halla estructurado matemática e intelectualmente y que partiendo de ese presupuesto es posible descifrarlo y hacerlo comprensible y utilizable en el experimento. Lo nuevo consiste en la asociación entre platonismo y empirismo, entre la idea y el experimento. El experimento se basa en la idea interpretativa que lo precede. Todo pensar científico se basa en el presupuesto

---

59 «Gratia non tollit naturam, sed perficit», indica santo Tomás. *Suma Teológica* I, 1, 8 ad2.

60 Pueden verse, al efecto, las obras de R. Stark o, más reciente, la de T. Holland, *Dominio*, Ático de los libros, Barcelona, 2020.

de que el mundo es racional y está ordenado y lo vincula a la experiencia. Por eso no se puede prescindir del logos de los griegos. Lo demás debe ser rechazado como acientífico[61].

## LA RAZÓN MUTILADA DE LA MODERNIDAD

El ser humano se caracteriza no solo por situarse ante lo real, sino por tomar partido frente a ello. La antropología filosófica enseña que hombre y realidad salen a un encuentro recíproco. Pues bien, se ha dado una evolución en la manera humana de enfrentarse al entorno: hay un modo mágico, un modo metafísico y un modo científico y a ellos apeló Ratzinger para estudiar la comprensión de la fe que determinan. No hay que considerarlos a la manera comtiana: se trata de una simple constatación histórica, que no implica ninguna jerarquía, sino que nos habla de la diferente perspectiva de evolución de la razón.

La racionalidad científica moderna restringe, frente a la clásica, el ámbito de lo real y se caracteriza por su limitación a lo fenoménico, a lo que aparece ante el intelecto o los sentidos. Pero si ha sido tan importante este modelo para el desarrollo del paradigma científico es porque no ha definido solo una cierta gnoseología: ha determinado la cultura. Y es que atenerse a lo empírico constituye:

> La nota característica de nuestra actitud fundamental y científica que condiciona todo nuestro sentimiento existencial y nos asigna un lugar en lo real [...]. Los métodos de las ciencias naturales consisten justamente en que se reducen a lo que aparece. Eso nos basta. Nos permiten trabajar y crearnos así un mundo en el que podamos vivir como hombres. Con esto se ha ido formando poco a poco en la vida y en el pensamiento

---

61 J. Ratzinger, *Fe, verdad y tolerancia, op. cit.*, p. 138.

modernos un nuevo concepto de verdad y de realidad que, casi siempre inconscientemente, constituye el requisito indispensable de nuestro pensamiento[62].

Se puede decir que la autolimitación de la razón, su ceñirse y estructurarse de acuerdo con la metodología de la ciencia, implica, según indica Cantos Aparicio, una cuádruple reducción[63]:

1. Reducción epistemológica: Característico del pensar moderno será situar la ciencia como modelo y cumbre del saber, a diferencia de lo que ocurría en épocas precedentes, en las que la metafísica y la teología eran disciplinas superiores al resto. A ello se suma la restricción científica, pues solo se admitirán las ciencias empírico-naturales, como veremos después. Con una expresión atinada, Ratzinger calificó la razón moderna de «razón amputada». Indica ampliamente por qué en *Fe, verdad y tolerancia*:

   En el ámbito específico de las ciencias naturales, esta limitación resulta correcta y necesaria. Pero cuando es considerada como la forma ineludible del pensar humano, entonces el fundamento de la ciencia llega a ser contradictorio en sí mismo. Porque afirma y niega a la vez el intelecto. Pero, sobre todo, una razón que se limita a sí misma de esta manera es una razón amputada. Si el hombre ya no puede preguntar racionalmente acerca de las cosas esenciales de la vida, acerca de su dónde y adónde, acerca de lo que debe hacer y lo que puede hacer, acerca de la vida y la muerte, y tiene que dejar estos problemas decisivos a merced de un sentimiento separado de

---

62  J. Ratzinger, *Introducción al cristianismo, op. cit.*, p. 49.
63  M. Cantos Aparicio, *op. cit.*, p. 57.

la razón, entonces el hombre no está exaltando la razón sino deshonrándola[64].

2. Reducción metafísica: Si se reduce el saber exclusivamente a lo científico, es porque se considera lo fenoménico como la única dimensión de lo real o, al menos, la única accesible al hombre. El conocimiento de lo metafísico, como sugirió Kant, sería imposible. Ratzinger lamentaba este resultado, ya que con él se ha perdido la posibilidad de conocer «la cara oculta de las cosas», es decir, aquella esperanza metafísica que permitía «sondear la esencia del ser». Abundemos un poco más en esta reducción y estudiemos su desarrollo histórico, como propuso Benedicto XVI. En los orígenes del pensar filosófico, no había diferencia entre las diversas disciplinas científicas y la reflexión metafísica estaba amalgamada con la física. El cristianismo ayudó a separar las ciencias, distinguiendo entre la metafísica y la física. El edificio del saber se conformaba jerárquicamente, de acuerdo con el principio de subalternación, y en la cumbre se ubicaba la teología, seguida de la filosofía, disciplinas cuya superioridad quedaba acreditaba por la relevancia y profundidad de su objeto (el fundamento de lo real, del ser) y por su universalidad, a diferencia del conocimiento particular que rendía la ciencia. Con el desarrollo de la razón moderna, este panorama se fue modificando y la metafísica fue paulatinamente siendo orillada, hasta quedar la física como única fuente de conocimiento. Desde este punto de vista, la indagación metafísica se interpreta como una inexcusable recaída en la mentalidad primitiva, un anacronismo, frente a la superioridad de la ciencia. No es casual que A. Comte llamara Física Social a la sociología que ayudó a descubrir y

---

64   J. Ratzinger, *Fe, verdad y tolerancia, op. cit.,* p. 139.

denunciara como una antigualla supersticiosa lo que tenía ver con la abstracción o esencia de las cosas.

3. Reducción científica: Pero a pesar de la importancia que el pensamiento moderno concede a la ciencia, este entiende por ciencia un determinado tipo de saber: en concreto, únicamente serán científicas aquellas disciplinas que combinen matemática y experimentación. Así, pues, aquello que no es verificable ni falsable no es objeto de ciencia y, por tanto, tampoco ofrece una visión fidedigna o verosímil de la realidad.

4. Reducción antropológica: Todo ello causa un perjuicio en el hombre, al que se le hurtan dimensiones importantes de su existencia. Por ejemplo, todos los interrogantes que le atañen más profundamente (y que por cierto también ayudan a plantear la fe) no encuentran abrigo bajo el paraguas de la nueva razón. En un marco exclusivamente científico, tecnológico, el ser humano no puede desarrollarse en plenitud y de ahí la irrupción de ciertas patologías, psicológicas y espirituales.

Pero ¿cómo se originan esos cambios? ¿Cuál es el punto de partida de esas transformaciones? Una pista acerca del mismo nos la proporciona la conocida obra de Descartes, *Discurso del método*. Y es que, en verdad, la primera alteración es metódica. A diferencia de la razón especulativa de la filosofía clásica, que se basaba en la contemplación, es decir, en la primacía de la dimensión teórica sobre la práctica[65], la inquietud metodológica de la filosofía moderna obliga a modificar la perspectiva. Se altera definitivamente con ello la actitud filosófica: la finalidad ahora ya no es el fundamento del ser, sino que el objeto del pensar filosófico ha pasado a ser la problemática del saber

---

65 Acerca de este problema, J. Pieper, *El ocio y la vida intelectual*, Rialp, Madrid, 2017.

humano. Eso explica que las principales corrientes del período moderno sean racionalismo o empirismo, es decir, dos propuestas sobre la naturaleza y el alcance del conocimiento.

Puede decirse que el origen filosófico del positivismo se halla aquí: en la postergación de lo real, de lo metafísico, y la preferencia por preguntarse sobre los límites del saber. Para la filosofía clásica, ambas cuestiones estaban unidas; sin embargo, en la filosofía moderna, la cuestión del ser queda relegada. Por fuerza, se menoscaba la dimensión ontológica de la verdad: en la medida en que se desconecta del ser, de la realidad, termina siendo reemplazada por la certeza, como revelan los movimientos epistemológicos más recientes.

La preferencia que la razón moderna otorga a lo práctico tiene consecuencias en el ámbito del hombre. H. Arendt llamó *homo faber* al ser humano que se configura a partir de la mentalidad moderna; con la expresión deseaba poner de manifiesto cómo la fabricación, los hechos, paulatinamente desbancan a la verdad como valor predominante[66]. Gracias a ello fue posible la revolución técnica y los adelantos científicos, que tenían propósitos prácticos, no teóricos. Pero si estos postulados son tan útiles y fructíferos en un aspecto, desde otro punto de vista son claramente empobrecedores. Se insistirá en ello más adelante.

Con todo, y a pesar de constatar las deficiencias de este modelo de razón, Ratzinger no se inscribe en la nómina de pensadores «tecnófobos». En primer lugar, porque, como hemos apuntado, la revolución científico-técnica es posible siempre que exista un previo compromiso con la razón, aunque sea en su versión más débil. Y, segundo, porque también los adelantos constituyen un síntoma de la grandeza y encumbramiento a los que lleva el saber humano. Tampoco su pretensión es reivindicar etapas anteriores a la Ilustración, sino señalar que la razón,

---

66  H. Arendt, *La condición humana*, Paidós, Barcelona, 1993, p. 48 y ss.

en su sentido moderno y positivista, «ha llegado a deformar el clásico concepto de *ratio*» al orillar la metafísica y quedarse solo con la realidad fenoménica, mensurable[67].

En términos antropológicos, la razón moderna concibe al hombre como sujeto del saber y dueño de la realidad objetiva. En su versión positivista, es el hombre quien se separa de su condición creada y receptora para erigirse en Dios. Irrumpe así la idea de ser humano como señor de una libertad irrestricta que determina lo real, en lugar de considerar la realidad como una donación brindada a la inteligencia humana. Ha explicado Ratzinger: «el hombre no necesita a nadie para comprender, explicar y dominar el universo» y, por consiguiente, se sitúa en el centro de todo lo real.

En *Introducción al cristianismo*, el teólogo alemán intentó indicar los hitos filosóficos que han determinado esa transformación. A su juicio, la contracción de la razón en la Edad Moderna ha tenido lugar por medio de dos vías: la matematización y la experimentación. En el primer caso, es sintomática la filosofía racionalista de Descartes y no solo porque, como ya se ha indicado, sustituya la verdad por la certeza, sino porque el racionalismo impuso el modelo de las matemáticas como paradigma de exactitud científica.

Más importante es el caso de Giambattista Vico que, indicaba Ratzinger en su ensayo más importante, apoya la transformación de la concepción de la verdad. En efecto, pese a que Vico mantiene supuestamente una concepción aristotélica de la ciencia y entiende que el pensamiento científico es aquel que descubre las causas de las cosas, elimina todas las dimensiones de la causalidad, excepto la eficiente. Desde este punto de vista, opone a la tesis escolástica sobre la intercambiabilidad de

---

67    M. Cantos Aparicio, *op. cit.*, p. 52.

verdad y ser (*verum est ens*) la idea de que lo verdadero es aquello que el hombre puede hacer, lo hecho: *verum qui factum*.

> Para la Antigüedad y la Edad Media —explicaba quien fuera Papa emérito— el ser mismo es verdadero, es decir, se puede conocer porque lo ha hecho Dios, el entendimiento por antonomasia; pero lo ha hecho porque lo ha pensado. Para el Creator Spiritus, para el Espíritu Creador, pensar y hacer es lo mismo. Su pensar es su crear. Para la Antigüedad y la Edad Media el ser es ser pensado, pensamiento del espíritu absoluto. Es decir, todo ser es idea, todo ser es pensamiento, logos, verdad. Por consiguiente, el pensar humano era pospensar del ser mismo[68].

Se entiende en este marco la menor aplicabilidad técnica de la ciencia para el pensar clásico, puesto que en el mundo antiguo el conocimiento por excelencia era la sabiduría, la contemplación. Muy por debajo de él se encontraba la técnica, un conocimiento inferior al científico y al filosófico. Pero Vico ayudó a cambiar radicalmente esta jerarquía y el canon de verdad, reemplazando la homología entre la verdad y la estructura ontológica por la identidad entre lo verdadero y lo que se puede realizar: solo conocemos lo que el propio hombre hace. Así, «la tarea y posibilidad del espíritu humano no es la de reflexionar sobre el ser, sino sobre el hecho, lo realizado, sobre el mundo exclusivo de los hombres, que es lo único que nosotros podemos comprender verdaderamente [...]. Comienza el dominio del hecho, es decir, la radical concepción del hombre hacia su propia obra como lo único que puede conocer»[69].

A través de Descartes y Vico, así como de sus epígonos, el saber queda confinado a dos disciplinas: las matemáticas, en cuanto que encarnan el ideal de certeza, y la historia, en cuanto

---

68  J. Ratzinger, *Introducción al cristianismo*, pp. 56-55.
69  *Ibidem*, p. 56.

que es aquello que el hombre realiza y, por tanto, puede conocer. Ratzinger, sin embargo, pasó por alto un extremo que a nosotros se nos antoja capital: el nuevo criterio de ciencia, la importancia que adquiere el *factum*, lo hecho, penetra en el resto de las metodologías científicas como parte integral del proceso de *experimentación*, puesto que el experimento es lo que posibilita que el ser humano *cree* el fenómeno objeto de estudio incluso en el laboratorio. Se trata, pues, de una dimensión que no hay que perder de vista.

A Descartes y Vico se han de añadir otros pensadores de relevancia para comprender estos cambios, como Spinoza y Kant. Con este último se consuma la liquidación de la metafísica clásica y el encogimiento definitivo de la razón, incapaz ahora de levantar el velo de las apariencias y alcanzar la naturaleza de las cosas, el llamado noúmeno, limitación que cercena la potencia de la razón. El autor de la *Crítica de la razón pura* excluye la posibilidad del saber metafísico y confina el conocimiento humano al estrecho ámbito de lo fenoménico. Y la fundamentación por la teoría kantiana del conocimiento se halla siempre presente, aunque sea de un modo implícito durante la Edad Moderna. El idealismo absoluto de Hegel, finalmente, llevará al extremo esa concepción absoluta de la razón.

Pero hay una transformación más que se soslaya y que esta vez Ratzinger analizó con detalle. Hemos hecho ya referencia a la primacía que adquiere la razón práctica. «En el principio era la acción»: Esta frase del *Fausto* de Goethe manifiesta la sustitución del *factum* por el *faciendum* y el predominio imparable de la mentalidad técnica. Eso ocurre cuando la verdad no solo remite a lo que el hombre hace, sino a lo que puede hacer, ligando la ciencia con el futuro y el avance del conocimiento. La transformación con respecto a los criterios clásicos es radical: si, como hemos visto, en el mundo de la antigüedad no había propiamente ciencia de la acción, en el mundo moderno, la acción —como técnica— recoge el testigo. Ratzinger se refirió para ilustrar todo este proceso a la filosofía de Marx, que insiste en la potencia transformadora de la acción humana, en su entraña revolucionaria, y recordaba que en el siglo XX la técnica se aplicaba también al propio hombre. Hoy, añadimos, la condición del ser humano está amenazada con esa secuela de la filosofía moderna que se ha dado en llamar poshumanismo.

## LAS DEBILIDADES DE LA RAZÓN MODERNA

A pesar de haber indicado las cuatro reducciones a las que conduce la autolimitación de la razón moderna, conviene analizar por separado algunas de sus principales deficiencias. En primer lugar, Ratzinger se refiere a la inconsistencia de ese modelo de razón y a su falsa neutralidad. En esto sigue a Popper, para quien ya hablar de razón consistía en una decisión que no era posible «fundar racionalmente». ¿Hasta qué punto es científico o constituye un resultado del saber empírico la afirmación de que «solo el conocimiento obtenido por experiencia es conocimiento»? Por tanto, el postulado epistemológico fundamental de la razón moderna es, paradójicamente, indemostrable. Es más, se trata de una tesis que es desmentida por nuestra experiencia diaria, en la que operamos más allá de los límites marcados por los reducidos criterios de la racionalidad científico-técnica.

La razón no es autosuficiente y algo de esta falta de fundamentación ha sido puesta de manifiesto con gran sutileza por la matemática (Gödel). La apuesta por la racionalidad no puede ser resultado de una decisión racional. Desde este punto de vista, aunque la propuesta utópica de la modernidad era afianzar la autonomía de la razón y su primacía, junto con su independencia e imparcialidad, cuando se profundiza en sus postulados, manifiesta su insuficiencia. No en vano, Ratzinger escribía sobre las conocidas aventuras del barón de Münchhausen, quien pretendía salir del agua tirando de su propio cabello, para expresar gráficamente el callejón sin salida de la racionalidad. Esta debilidad revela la imprescindible ayuda que puede brindar la fe, su insustituible socorro y la capacidad de la religión para curar las anomalías de una razón demasiado confiada en su omnipotencia.

Pero es que, además, la razón moderna no puede ser neutral, aunque se presente como instancia imparcial. Al analizar su surgimiento y proceso de desarrollo, se descubre que se fundamenta en una determinada concepción del hombre y de la realidad, con todas las consecuencias morales y políticas que ello tiene. Lo importante por el momento es presentar la cosmovisión que subyace a la racionalidad moderna e insistir en los efectos prácticos de la misma. Porque, a juicio de Ratzinger, era en este punto en el que se producía de verdad la transmutación de todos los valores.

En segundo lugar, a causa de la insuficiencia de la razón, se desbanca el valor de la verdad. Como se sabe, para el mundo clásico esta no era patrimonio de la técnica y la ciencia natural, sino de la metafísica y la teología. El realismo filosófico contribuyó a descubrir la unidad de la razón y la realidad, de la verdad y el ser de las cosas. Como consecuencia de las transformaciones más recientes, la verdad dejó de ser el objeto de la razón teórica para aproximarse a la praxis. En última instancia, diagnostica Ratzinger, la razón instrumental acabó sustituyendo la verdad por el éxito. La ciencia actual, comentaba en una conferencia a propósito de *Fides et ratio*, «busca, sí, verdades, pero también descalifica como no científica la cuestión acerca de la verdad»[70]. Curiosamente, y a pesar de partir, la crítica a la racionalidad instrumental de Ratzinger tiene muchos puntos en común con la de Jürgen Habermas, quien, siguiendo el cuestionamiento del modelo de razón que hicieron Horkheimer y

---

70  J. Ratzinger, «Fe, verdad y cultura». Conferencia pronunciada en Madrid durante el I Congreso Teológico Internacional, 16 de febrero de 2000.

Adorno, destaca la unilateralidad de la racionalidad moderna y el predominio del interés técnico sobre el práctico, constatando con preocupación que la técnica se ha adueñado del ámbito de la praxis[71].

En tercer lugar, mucho antes de que Nietzsche decretara la muerte de Dios, se produce la liquidación de su problemática. Indaguemos por qué: es evidente que, partiendo de la relación que existe entre verdad y Dios, la racionalidad moderna también acarrea consecuencias en el ámbito religioso. Al convertir la ciencia en el conocimiento absoluto y en el paradigma de todo saber, el marco racional de la modernidad implícitamente ha de renunciar a plantear el interrogante sobre Dios y cancela definitivamente la viabilidad de la teodicea. El método moderno reduce la realidad a apariencia, a lo meramente empírico, medible y cuantificable y, por tanto, no puede haber conocimiento, ni siquiera analógico, de Dios. La liquidación de lo divino acarrea dos consecuencias trágicas: en primer lugar, exige al hombre ocupar el puesto de creador que antes tenía Dios (antropocentrismo radical). Y, cuando la ciencia se convierte en la concepción predominante y exclusiva sobre el mundo y la vida, en segundo término, niega necesariamente la viabilidad de la fe (ateísmo). Cuando el pensamiento moderno cierra el camino a la metafísica, cierra también la senda que puede encaminar a la persona hacia Dios. Incluso aceptando la posibilidad de la fe, un contexto cientificista merma lo sobrenatural. Hay una trayectoria que se perfila sin solución de continuidad entre el deísmo de la metafísica racionalista y el ateísmo de quienes piensan que defender la ciencia exige renunciar a lo metaempírico. El cuestionamiento de las bases filosóficas de cristianismo —en eso consiste la modernidad, a fin de cuentas— erradica la verdad y transforma todo el contenido de la

---

71    M. Horkheimer y Th. W. Adorno, *Dialéctica de la Ilustración*, Trotta, Madrid, 2018, p. 29.

fe cristiana en símbolo. El método histórico-crítico depura de lo sobrenatural la Escritura, es decir, lo que resulta irritante para el racionalista; la teoría de la evolución se presenta, por su parte, como superación presuntamente científica de la creación divina. Pero la ciencia no es omnímoda: hay ámbitos que le están vedados, debemos recordar.

Son diversos los problemas que plantea el estrechamiento positivista de la razón moderna. Pero para entender el concepto de racionalidad ampliada es necesario insistir en la clausura ante la realidad y trascendencia que provoca. Puede aplicarse a este respecto la imagen de la jaula de hierro en que, de acuerdo con Max Weber, se convertía la vida del hombre por los procesos de racionalización social. De modo parecido, Ratzinger habló igualmente de la prisión a la que conduce la restricción del saber humano a lo científico y mensurable. Una prisión, sin embargo, que el ser humano logró construir irónicamente gracias a los éxitos que ha deparado la aplicabilidad técnica de la ciencia. Tras este análisis, es patente la necesidad de volver a dejar que la razón sea fecundada por la fe, con el fin de que se abra de nuevo a la profundidad metafísica de lo real y a la verdad de la trascendencia. En resumen: «el radio de acción de la razón ha de ampliarse de nuevo»[72]. Porque, en realidad, la autosuficiencia de la razón y la exclusividad epistemológica del pensamiento científico podrán alcanzar algún tipo de cura únicamente si hay instancias que reconozcan las deficiencias y restricciones. Se trata de un modelo que no es únicamente enfermizo en teoría, sino destructor en la práctica: «La ciencia llega a ser patológica y peligrosa para la vida cuando se desliga de la conexión con el orden moral del ser del hombre y, con sentido autónomo, solo reconoce sus propias posibilidades como la única norma admisible para ella»[73].

---

72   J. Ratzinger, *Fe, verdad y tolerancia, op. cit.*, p. 139.
73   *Ibidem.*

# RATZINGER Y LA RAZÓN POSMODERNA

Las críticas de Ratzinger se refieren a la modernidad, pero también se pueden aplicar a la posmodernidad si entendemos que esta última constituye, como creemos, no una ruptura con el modelo ilustrado de razón, sino una radicalización del mismo. Aparentemente, la universalidad, la certeza y la exactitud sobre las que se vertebran las propuestas filosóficas de la modernidad parecen estar en contradicción con el particularismo, la duda y el relativismo de la razón débil, pero un estudio atento muestra que estas últimas constituyen las postreras consecuencias de un movimiento que, como el que se inició en la Ilustración, se define por su hostilidad hacia la metafísica y por la paulatina desaparición de la verdad del horizonte filosófico. Erraríamos gravemente, sin embargo, si interpretáramos la posmodernidad como una corriente filosófica; se trata más bien de una actitud cultural que define nuestra época y que conforma una suerte de ideología transversal, recorriendo todo el espectro social, sin diferenciar credos religiosos o ideologías políticas. En este sentido, podemos señalar las siguientes características de la mentalidad posmoderna[74]:

1. Desaparición de la consistencia de la realidad y aceptación de lo virtual.
2. Predominio del sentimiento y de la expresividad frente a la instancia de la razón.
3. Orientación cultural frente a lo social o económico.
4. Particularismo frente a universalismo.
5. Radicalización de la subjetividad.
6. Revalorización de la diferencia frente a la identidad.

---

74   Cfr. D. Lyon, *Posmodernidad*, Alianza, Madrid, 2000, p. 25 y ss.

7. Fin de los criterios objetivos tanto en el campo artístico como moral.

8. Multiculturalismo.

9. Cientificismo. Paradójicamente, la desaparición de la verdad no hace que se resienta el prestigio del cientificismo, aunque conviva con cierto esoterismo.

Sea como fuere, partiendo de nuestra tesis —de la continuidad, pues, entre lo moderno y lo posmoderno— se discernirá por qué a nuestro juicio es completamente aplicable lo que dijo Ratzinger acerca del modelo de razón nacido tras la época medieval a la tónica cultural de nuestros días. Uno de los más insignes representantes del espíritu posmoderno fue Gianni Vattimo, recientemente fallecido. Este advirtió la paulatina desaparición de todos los fundamentos. Se trata de una concepción radicalmente nihilista y, por tanto, incompatible con el cristianismo en la medida en que, como mostró Ratzinger, fe y verdad resultan connaturales para la religión nacida en Palestina. La razón débil propuesta por Vattimo es una razón que ha abdicado de las certezas, convirtiendo el pensamiento en una suerte de mezcolanza de tipo exegético relativista y liberada de toda lógica y relativista.

Si se lee con amplitud de miras la vasta producción del Papa emérito se puede componer un paisaje de la razón contemporánea. A modo de conclusión de este capítulo, hemos extraído de diversos textos y colaboraciones del Papa alemán sus principales consideraciones sobre el contexto posmoderno. En relación con la situación religiosa, llamó la atención sobre el nuevo paganismo, identificando en algunos fenómenos la vuelta a supersticiones politeístas antiguas. No es que reaparezca lo periclitado en sentido estricto, como la idolatría, pero sí nuevas formas de pensamiento mágico o infantil. Lo más interesante es que este regreso de antiguos dioses no se interpreta de forma teológica, sino especialmente metafísica. Y es que ha sido la muerte de la verdad y el rechazo de la ontología lo que ha devuelto al centro del altar a los dioses olímpicos. El neopaganismo no solo aparece en formas esotéricas, sino en la divinización o sacralización del dinero, el sexo, la identidad, el yo, la fama...

Asimismo, constataba Ratzinger una excesiva especialización. La transformación de la razón da al traste con su unidad. Las ciencias se separan y se troncha el árbol del saber. Este proceso, mediante el cual el conocimiento deja de estar integrado o vinculado, es especialmente dramático en el ámbito de la enseñanza. Como consecuencia de esta diversidad cognoscitiva, la sociedad —y con ella necesariamente los individuos que la integran— quedan en manos de *expertos*: profesionales competentes o técnicos que mantienen nuestra cosmovisión atada al éxito y a la solución de problemas, pero que no nos orientan hacia la luz del sentido o la verdad.

Hemos de mencionar también la superficialidad y frivolidad. De ella dio cuenta hace tiempo Pascal, un autor muy familiar para el teólogo alemán, que denunció el entretenimiento vacío. Según Benedicto XVI, el relativismo y la pérdida de criterios objetivos eliminan la posibilidad de discriminar lo bueno de lo malo y desaparece la autoridad del juicio cabal. Con ello se pierde hondura, profundidad. Por otro lado, la razón solo puede posarse sobre los fenómenos, pero sin explorar sus fundamentos.

La posmodernidad supone, además, la consagración del individuo y su liberación de los lazos comunitarios. Los seres humanos aparecen como mónadas aisladas, autosuficientes, sin requerir el auxilio o el cuidado del otro. No descubrimos nada si indicamos que el sueño de la autonomía a la larga conduce al desarraigo: las sociedades posmodernas están compuestas de sujetos anónimos, sin vínculos, y en ellas rigen valores que han desprestigiado la familia y la fecundidad. Los ciudadanos se guían para maximizar sus deseos individuales. A la postre, eso provoca insatisfacción existencial. Si ha proliferado la autoayuda y la sociedad se ha decantado por un estilo extremadamente terapéutico, ha sido a causa precisamente del narcisismo surgido de la devaluación de la comunidad[75].

Por último, sentimiento y razón se muestran como esferas irreconciliables. Para referirse a este fenómeno, Ratzinger gustaba de recordar la respuesta que da Fausto a Margarita en el drama de Goethe: «El sentimiento lo es todo». Pero no solo la cultura contemporánea se ha inclinado por la pendiente del sentimentalismo; es que lo emocional se ha desgarrado de lo racional. Es como si se hubiera suscrito un pacto tácito entre el sentimiento, abocado a lo irracional, y la ciencia, como camino de la rigurosidad. La división del trabajo amenaza con venirse abajo: la posverdad y otros hechos han dado un baño de irracionalidad a aspectos hasta entonces serios, lo que quiebra la confianza en la labor de los científicos. Comentaba al respecto Ratzinger:

> La crisis de la actualidad consiste precisamente en que quedan sin comunicación el ámbito subjetivo y el objetivo, en que la razón y el sentimiento se van distanciando y de esta manera ambos enferman [...]. Se busca lo irracional, lo supersticioso, lo mágico; se corre peligro de recaer en formas anárquicas y destructoras, de vérselas con las fuerzas y los poderes ocultos. Podríamos sentir la tentación de decir que hoy no existe una crisis de la religión, pero sí una crisis del cristianismo[76].

---

75  Así se deduce de la crítica de Lasch. Cfr. C. Lasch, *La cultura del narcisismo*, Capitán Swing, Madrid, 2023.

76  J. Ratzinger, *Fe, verdad y tolerancia, op. cit.*, p. 127.

# Eclipse del hombre, eclipse de Dios

Uno de los síntomas que define la crisis del ser humano es la desaparición de Dios del horizonte existencial y cultural. Casi sin solución de continuidad, hemos pasado de un marco de pensamiento que obviaba el fundamento trascendente (*etsi Deus non daretur*), a un contexto posmoderno en el que ya no se niega a la existencia del ser supremo, sino que se muestra hacia el Dios cristiano una absoluta indiferencia. Como se descubren atisbos de búsqueda e irreprimibles anhelos de espiritualidad, no se trata, según veíamos al final del capítulo anterior, de una crisis de lo religioso, sino de una crisis específica del cristianismo.

A la hora de analizar la situación en que nos encontramos, partimos de la íntima conexión con la razón —con la auténtica— que caracteriza al cristianismo. Por este motivo, cabe explicar la pérdida de influencia cultural del mensaje de Jesús en términos filosóficos. Eclipse de Dios y eclipse de la verdad son como el haz y el envés de una misma moneda. ¿Cuáles son, pues, las consecuencias del declive de la verdad? La religión, «al dejar de tener asiento en la *ratio*», pierde sus raíces metafísicas y se convierte en una cuestión de color subjetivo, no susceptible, en cualquier caso, de verdad o falsedad. Se abre de nuevo la sima entre filosofía y religión, entre metafísica y fe, y el cristianismo pierde sus apoyos naturales.

Estos fenómenos permiten averiguar por qué el cristianismo ha perdido influencia en el campo filosófico tras el derrumbe de la metafísica. Nos ayuda este marco a comprender el trasfondo y causa última de la privatización de la creencia religiosa, pues la secularización no estriba en arrumbar lo que uno cree a la esfera de la intimidad, sino en privatizar la verdad. Es algo que se percibe, por mencionar a un autor, en el enfoque de Richard Rorty: más que para argumentar o descubrir la verdad, la filosofía queda como un género literario para estimular buenos sentimientos morales, sugiere el filósofo pragmatista americano[77].

## EL DECLIVE DE DIOS

Desde un punto de vista analítico, son dos, en concreto, las causas del declive de Dios: el ocaso de la idea de verdad y la liquidación de la metafísica. Al evitar la pregunta por los fundamentos del ser, se niega la capacidad de la razón para penetrar en la inteligibilidad de lo real. De ahí que con el oscurecimiento del logos en el campo de la filosofía se pierda también a Dios. A ello se añade la irrupción de corrientes con tendencias irracionales, lo que acentúa aún más el alejamiento de la filosofía y, por tanto, del cristianismo, de su fuente originaria: la razón.

Si en el campo de la verdad eso traerá, como consecuencia, el relativismo, en el campo religioso decide no únicamente la transformación emotivista del mensaje cristiano, sino el regreso del paganismo, al perder el vínculo intrínseco entre razón y religión. A quien huye de Dios, indicó certeramente Benedicto XVI, le persiguen los dioses. O, por decirlo de otra manera, donde desaparece la fe, aparece de nuevo el horror del paganismo. La irrupción en Occidente de concepciones

---

77    R. Rorty, *Filosofía y futuro*, Gedisa, Barcelona, 2002.

religiosas orientales y el auge de las prácticas y rituales de las mismas, sin atender a sus concepciones teológicas o antropológicas, es uno de los síntomas de la vuelta a formas de espiritualidad sin vínculo con el logos o la razón.

Esta separación entre fe y verdad es tan evidente que se refleja en un hecho tanto dentro como fuera de la teología: la repulsión del ser humano hacia el carácter absoluto que se arroga al cristianismo. Así como en el campo de la filosofía, reivindicar la verdad —la existencia de una verdad común y accesible a todo hombre— parece una recaída en la metafísica dogmática, en el ámbito de la filosofía de la religión o la teología se considera intolerante y exclusivista la pretensión del cristianismo de constituir la *vera religio*.

Pero sin verdad y sin razón, el hombre queda abocado a la irracionalidad. «Cada vez son más europeos, en quienes la fe cristiana está en quiebra, los que acogen estas energías irracionales. Y de esta manera se va creando una verdadera paganización: el hombre rompe sus contactos con Dios, busca únicamente diversos sistemas para ejercer su poder y, con ello, se destruye a sí mismo y destruye el mundo», indicaba el teólogo alemán en un texto[78].

La desaparición de la trascendencia y el indiferentismo religioso suscitan dos enfermedades. De un lado, producen patologías en la razón. El positivismo, el relativismo, el irracionalismo y el emotivismo constituyen sus síntomas. De otro lado, provoca patologías en el ámbito religioso. El regreso de actitudes paganas constituye una de las principales consecuencias de la desaparición de Dios. A ello se añaden algunos efectos en las concepciones del individuo contemporáneo. Porque el Dios persona del cristianismo constituye, ha señalado Ratzinger, una garantía frente a la arbitrariedad. Con su

---

78   J. Ratzinger, *Fe, verdad y tolerancia, op. cit.*, p. 70.

liquidación, se pierden las referencias en cualquier plano y se llega a un mundo sin Dios, que se vacía cada vez más y donde la cultura deja de plantear el tema de la muerte o el problema de la vida eterna.

Ratzinger constató también la pérdida de Dios dentro de ambientes eclesiásticos, incluso en la misma predicación. «Los predicadores de hoy —me parece a mí— hablan poco de Dios. El tema «Dios» a menudo es marginal. Se habla mucho más de los problemas políticos, económicos, culturales, psicológicos [...]. No parece que hablar de Dios sea hablar de una realidad práctica»[79]. De ese modo, Dios se va alejando y se difunden planteamientos deístas junto con el ateísmo y, sobre todo, el indiferentismo.

## INTOLERANCIA, RELATIVISMO Y PLURALISMO

Una de las razones por las que la cultura actual rechaza la existencia de la verdad es por las supuestas consecuencias prácticas que se derivan de su aceptación. Gracias al *dictum* nietzscheano, de acuerdo con el cual no hay ser sino interpretaciones, desaparece la objetividad y universalidad de la verdad un proceso cuya contraparte consiste en el auge del particularismo cultural. La conclusión de todo ello es que verdad y tolerancia son incompatibles, un argumento que refuerza el rechazo del mensaje cristiano en la medida en que la religión, por su estructura dogmática, puede provocar el enfrentamiento entre seres humanos y avivar conflictos ya soterrados.

Con la consolidación del Estado de Derecho y la difusión de los sistemas democráticos, se suele decir que el relativismo es uno de los supuestos básicos del civismo. Históricamente, por ejemplo, se explica la paz social como consecuencia de las privatizaciones de las concepciones de «bien», es decir, de los

---

79  J. Ratzinger, *Ser cristiano en la era neopagana*, Encuentro, Madrid, 2017, p. 72.

valores o convicciones que, para las construcciones liberales, socavan la neutralidad. La noción de justicia de John Rawls y su estrategia de la «posición original» arrancan también de ahí, es decir, del potencial disolvente de los compromisos con la verdad o el bien. Pero, tal y como explicaba el antiguo Prefecto de la Congregación para la Doctrina de la Fe, la conclusión según la cual la paz democrática exige renunciar a la verdad compartida no solo es errónea, sino también perjudicial para la convivencia. Es más: puede conducir a la violencia. Para Benedicto XVI, el relativismo es «el problema más hondo de nuestro tiempo». No es casual que la homilía pronunciada en la Misa *Pro Eligendo Pontifice* hiciera referencia a la «dictadura del relativismo que no reconoce nada como definitivo y que deja como última medida solo el propio yo y sus antojos».

El relativismo, que nuestro autor compara con la irrupción de la relatividad en el mundo físico, implica un segundo giro copernicano. En ese cambio, la verdad, «lo absoluto, el auténtico punto de referencia del pensamiento ha dejado de ser visible». El problema es que, en un universo tan desnortado, «no hay puntos fijos [...]. Lo que miramos como orientación no se basa en un criterio verdadero en sí mismo, sino en una decisión nuestra y, a la postre, en consideraciones de utilidad»[80].

Asimismo, el pluralismo y el relativismo cultural son expresiones del individualismo y proliferan sobre todo en sociedades acomodadas. En ellas se han generalizado actitudes que desarraigan al sujeto y lo encapsulan, al tiempo que cortan indefinidamente sus lazos con quienes le rodean. Hay una epidemia de soledad que tiene su origen en este caldo de cultivo. Lo preocupante no es solo esta situación de hecho, esa forma de pensar o actuar, sino que se sustente sobre una ideología que exige la renuncia de la verdad para defender políticamente la

---

80   J. Ratzinger, *El elogio de la conciencia*, Palabra, Madrid, 2006, p. 23.

democracia. Incluso se suele indicar que quien afirma la existencia de la verdad puede ser un peligro para la defensa de la libertad de conciencia consagrada en el mundo moderno. No se repara que creer en la verdad también es algo que defiende esa libertad y que no hay nada más arriesgado para la sociedad que la pérdida de valores objetivos.

Así, una de las ideas fundamentales sobre las que gravita la aportación filosófica de Ratzinger y, especialmente, su apuesta por la ampliación de la racionalidad, consiste en criticar la debilidad de un pluralismo asentado en la desaparición de la verdad. Y es que solo puede fundamentarse el relativismo pluralista admitiendo que la razón es incapaz de alcanzar verdades fundamentales y objetivas, pero en ese caso no se tiene más remedio que aceptar las consecuencias. Y en la medida en que la verdad une a los ciudadanos, su ausencia inexorablemente los separa.

Conviene recordar que Ratzinger abordó en incontables ocasiones los perjudiciales efectos derivados de este tipo de pluralismo. Se puede volver «opresor», indicó, haciendo referencia al debate entre la verdad cristiana y su relación con otras religiones. Cuando se pierde de vista la universalidad de la razón o se pasa por alto el vínculo entre razón, cultura y verdad, se elimina el terreno común que permite el diálogo y el encuentro. Es en esas circunstancias cuando cada cultura y cada hombre se vuelven incomunicables, extraños, y desaparece el otro en cuanto prójimo.

¿Es posible, en cualquier caso, reconciliar la aceptación de la verdad con la tolerancia? O, por decirlo de otro modo, ¿es coherente su universalidad con el sistema democrático, que parece sustentarse sobre una concepción defectible de la razón humana? Para mostrarlo se ha de partir de una evidencia: la disposición natural del ser humano hacia la verdad y la fuerza vinculante, tanto en un sentido moral como cognitivo, de esta última.

A fin de aportar luz, el anterior pontífice comparó la situación de una sociedad pluralista con la diversidad lingüística.

Si es posible la traducción y comprensión es porque el lenguaje comparte una misma estructura. Es la verdad la que otorga unidad a la multiplicidad del pensar humano. Sin ella, la diversidad caería en la arbitrariedad, lo que conduciría a la indiferencia y haría imposible la comunicación y el diálogo entre los hombres, que estarían condenados a vagar por las babeles contemporáneas sin entenderse ni ayudarse. Eso es precisamente lo que descubrió Sócrates frente a los sofistas. Se advierte que sea recurrente esta figura capital de la filosofía griega en los análisis de Ratzinger.

Una precisión: asumir el valor de la verdad no implica mantener una actitud dogmática ni negar la diversidad de sus manifestaciones. Para Benedicto XVI, ciertamente, hay una unidad, pero su concreción histórica y cultural es diversa. De un modo gráfico y sugerente, comparó la verdad con una sinfonía: el descubrimiento de lo verdadero no inhibe ni desmerece las aportaciones individuales, tampoco la que realizan las diversas culturas, al patrimonio de la verdad universal y común.

Cuando se percibe la diversidad de culturas, se pueden extraer dos conclusiones: una superficial y otra más profunda. La primera parece sugerir que las diferencias dan la razón al relativismo, como ocurrió a principios de siglo XX, con la aparición de la antropología cultural y la constatación de la diversidad de tradiciones en las que vivía el hombre[81]. Sin embargo, una mirada más atenta descubre unidad entre ellas. Las culturas —opinaba el Santo Padre— no constituyen sistemas cerrados, sino que están abiertas a la verdad, especialmente a la verdad del hombre, al que sirven. Esa misma referencia a la verdad humana es lo que hace posible el encuentro intercultural: sin ella, las culturas constituirían islas aisladas, universos o, mejor, galaxias sin comunicación alguna.

---

81   Ch. King, *Escuela de rebeldes*, Taurus, Barcelona, 2023.

El encuentro entre culturas es posible porque el hombre, en medio de todas las diferencias de su historia y de sus formaciones comunitarias, es uno solo, es una misma y única esencia. Ahora bien, esta única esencia «hombre» es tocada en lo profundo de su existencia por la verdad misma. Tan solo por el hecho oculto de que nuestras almas estén tocadas por la verdad se explica la fundamental apertura mutua de todos, así como también las concordancias sociales que existen entre culturas más alejadas [...]. Tan solo en la ordenación mutua de todas las grandes creaciones culturales se aproxima el hombre a la unidad y totalidad de su esencia[82].

Las intuiciones sobre esta cuestión prueban la perspicacia de Benedicto XVI, su capacidad para leer los signos de los tiempos. En sus textos y discursos, adelantó muchos fenómenos que han venido después: la virulencia de la ideología *woke*, la paradoja de la posverdad, el radicalismo de las nuevas ideologías, los populismos, la polarización del debate público..., fenómenos que resultan del empobrecimiento del diálogo y la cultura compartida. «Si el hombre excluye la verdad, lo único que puede dominar sobre él es lo accidental, lo arbitrario» y hay que recurrir, por desgracia, a criterios alternativos, como el de las mayorías, el de la utilidad u otros para llenar el vacío[83].

## DESORIENTACIÓN ÉTICA

La desaparición de Dios del marco de referencia del hombre no solo tiene consecuencias teóricas, como las analizadas, sino importantes efectos prácticos: la confusión de lo objetivo ha conducido, se quiera o no, a la desorientación moral, así como a la dificultad de diferenciar el bien del mal. El ser humano,

---

82   J. Ratzinger, *Fe, verdad y tolerancia, op. cit.,* p. 59.
83   Homilía de la Misa *Pro Eligendo Pontifice*, abril de 2005.

sin embargo, no puede vivir ni desarrollarse en ese estado de confusión. Ratzinger se dio cuenta de que, como es imposible alcanzar la plenitud en un contexto así, se requieren reemplazos para afrontar la existencia.

El relativismo, desde una óptica moral, arroja solo dos opciones. O bien se orienta uno por el decisionismo, sosteniendo que las opiniones y los enjuiciamientos morales proceden de una decisión arbitraria, irracional, del sujeto —y consecuentemente se aleja de la razón y la verdad—; o bien se procede a una reconstrucción científica y naturalista del razonamiento moral, como si pudiera ofrecerse una explicación psicologista, evolucionista o biologicista de los valores. El consecuencialismo o utilitarismo, que determina la corrección o incorrección de la acción humana en función de las consecuencias colectivas que alcance, es también una de las formas de «objetivar» el cálculo moral, de transformar la ética en frío cálculo científico. Porque si se descarta la especificidad de la razón práctica y se niega la capacidad de justificar las decisiones éticas, el único criterio objetivo es el que arroja el aséptico y preciso análisis de las consecuencias de la acción humana.

Todas esas opciones parten de una concepción errónea de la moral, según Benedicto XVI, quien concibe el relativismo como una de las peores y más dramáticas consecuencias de la reducción de la racionalidad a lo mensurable. Desde su punto de vista, la experiencia humana demuestra que cuando la verdad se separa del bien, este último comienza a ser sustituido por otros bienes espurios, como el cálculo, la utilidad o el interés. La deriva instrumentalista de hoy, que Ratzinger intentó combatir, constituye uno de los peores y más alarmantes síntomas de lo que nos sucede y es, indudablemente, la raíz de muchos problemas, así como una de las señas de identidad de la sociedad poscristiana. El inconveniente es la inconmensurabilidad de la moral con respecto a lo útil: ese es el motivo por el que resulta tan repugnante para el sujeto determinar el valor de una vida humana o comparar su funcionalidad, como se evidenció durante la reciente pandemia. ¿Cuál es, entonces, el saldo que arroja el relativismo? La difusión del nihilismo[84].

Por otro lado, la desnaturalización de la razón tiene efectos negativos no solo en el campo de la teología o la moral: implica también un daño para lo humano, puesto que los interrogantes más profundos —aquellos sobre los que se vertebra la existencia y la cultura humanas[85]— no encuentran su lugar en la reflexión —ni privada ni pública— contemporánea. De ahí que se desplacen hacia lo subjetivo y se instaure, finalmente, la conciencia como criterio definitivo o instancia de apelación ética. Se repara poco en lo que subyace a todos estos desplazamientos, muy significativos, que no es otra cosa que la sustitución de Dios por el hombre, como si este rechazara su condición de criatura. No hay duda que, bajo esta forma de entender las cosas, la pérdida de criterios objetivos en el campo de la moral está relacionada con la desaparición de Dios y el consiguiente olvido de la naturaleza humana. Si el hombre ya no se considera un ser creado, queda despojado de esencia. La filosofía de Sartre, que condena al ser humano a una existencia caprichosamente libre, es la conclusión de todo este proceso. Pero eso imposibilita el encuentro con los otros, que serían, como muy elocuentemente indica el filósofo francés, un «infierno».

Hasta ahora hemos analizado el proceso de destrucción de la objetividad. Al hacerlo, Ratzinger buscaba sobre todo advertir de la necesidad de ensayar una ampliación de la razón por causas de índole moral, como las vistas. En ese proceso de extensión, la fe vuelve a mostrar su potencia terapéutica. Si la existencia humana deja de tener sentido en el marco de la racionalidad propuesta por la modernidad, que destierra el significado y los criterios objetivos, desnortándonos, y la causa

---

84 J. Ratzinger, *El elogio de la conciencia*, *op. cit.*, p. 26.
85 J. M. Carabante, *La suerte de la cultura*, La Huerta Grande, Madrid, 2022.

de esta reducción tiene que ver con la desaparición de Dios del pensamiento filosófico y social, está claro que la fe debe regresar para sanar y auxiliar lo humano. Sostuvo Benedicto XVI que la fe tiene fuerza para revitalizar el *ethos* de nuestras sociedades y para familiarizar la conciencia humana con la verdad y el bien objetivos. La religión, en sentido moral, constituye una invitación, una ayuda para que la ética pueda orientarse de nuevo hacia el camino de la razón objetiva, superando las amenazas que el consumismo, el utilitarismo o la regla de las mayorías ciernen sobre la visión trascendente y la constitución moral de la humanidad.

Con su insistencia en la existencia de una moral objetiva, Ratzinger se situó al lado de una serie de autores que, desde mediados del siglo XX y con la conciencia cercana del delirio totalitario, reflexionaron sobre la importancia de una praxis con sentido veritativo. El reclamo surgió por razones eminentemente humanitarias, cabría decir, ante la sospecha de que una ética sin fundamento racional podría servir, ya fuera directa o indirectamente, para legitimar la inmoralidad, dejando abierto el umbral para la vulneración de la dignidad. Menos cruenta, también, es la crisis del hombre en el cambio de milenio, así como la corrupción moral y la pérdida de referencias axiológicas, fenómenos que han convencido a muchos filósofos de la necesidad de hablar, desde la razón, de valores y bienes no subjetivos. Y hay atisbos de que se está intentando superar, al menos teóricamente, el relativismo. Junto a Ratzinger y Habermas, Taylor, MacIntyre o Brague son algunos de los pensadores que, desde corrientes diversas e incluso antagónicas, han luchado por convertir la reflexión sobre la racionalidad de la moral en una de sus principales contribuciones. Con todo lo que le acerca a ellos, es verdad que Ratzinger se separa específicamente porque para él no es la razón la que sacará del atolladero a la humanidad, sino una razón fecundada —abierta y oxigenada— por la fe. Además, a diferencia de los mencionados, en su opinión la religión no solo posee el mérito de «inspirar» o servir de metáfora aprovechable para la regeneración moral, sino que posee un contenido de verdad ineludible. Esa convicción estuvo presente a lo largo de su magisterio ya antes de llegar a la cátedra de Pedro; incluso como Obispo había aludido a la contribución moral de la Iglesia, que aparece ante el mundo como «sal» o faro para disipar las brumas del confusionismo moral. Su comprensión del papado era parecida, pues, en su opinión, el pontífice no solo tenía la autoridad magisterial en el seno de la comunidad de la que era cabeza, sino que ejercía también de «voz de la razón ética de una humanidad descreída. Hoy vemos con mucha claridad cómo las condiciones de las religiones y la situación de la Iglesia —sus crisis y sus renovaciones— repercuten en el conjunto de la humanidad. Por eso el Papa, precisamente como Pastor de su comunidad, se ha convertido cada vez más también en una voz de la razón ética de la humanidad»[86].

Pero la admisión de la verdad, el reconocimiento de la existencia de una moral objetiva, vinculante para todo ser humano, ¿no llevará a la sociedad humana a la intolerancia y la barbarie? La verdad y el bien nunca pueden ser atroces ni salvajes; son siempre liberadores. Además, el cristianismo enseña que la verdad coincide con el amor. Este vínculo interno entre ambos es «la suprema garantía de la tolerancia», puesto que el único medio para defender la verdad es ella misma, o sea, el amor[87].

## PODER Y NATURALEZA

La deriva de la cultura contemporánea ha estado definida, en gran parte, por el modelo de ciencia y razón surgido en la Edad

---

86  Texto de la conferencia que Benedicto XVI prepara para la Universidad La Sapienza de Roma, el jueves 17 de enero de 2008.
87  J. Ratzinger, *Fe, verdad y tolerancia, op. cit.*, p. 199.

Moderna, es decir, por un esquema que parte de la naturaleza dominadora del saber humano y su potencialidad técnica. Lo más inquietante, desde un punto de vista social, es que el paradigma que debemos a la razón moderna ha determinado la actitud general del hombre ante el mundo. En la civilización tecnológica en la que vivimos hoy en día, no solo no ha retrocedido esta forma de «estar en el mundo», sino que se ha radicalizado aún más. La situación no deja de ser paradójica: cuando cada vez más la cultura y la filosofía parecen deslizarse por la peligrosa pendiente del relativismo, se está imponiendo al mismo tiempo una unidad y homogeneidad tecnológica que establece como único criterio el éxito científico, rechazando cualquier límite moral.

La naturaleza ha perdido su trasfondo metafísico y su sentido teleológico. De hecho, con la revolución científico-técnica y el paulatino olvido del entramado ontológico, también se fue perdiendo la radicalidad de la investigación sobre las causas del mundo natural, especialmente sobre lo que se situara en otro campo distinto al de la causalidad eficiente. Pero Ratzinger estaba convencido de una cosa: si el universo no es fruto de la creación divina, no se puede descubrir causa final alguna, de modo que no sería algo querido, ni pensado, sino fruto de la evolución o del azar y, por tanto, materia prima a disposición del hombre, quien en su relación con la naturaleza no estaría condicionado por ningún tipo de restricción ética.

Conviene precisar la concepción metafísica de la naturaleza, porque en la actualidad ha pesado tanto su reducción fisicalista que el hombre tiene dificultades para comprender el significado más profundo del mundo natural. Naturaleza hace referencia no al hecho de la existencia de la materia, sino a lo que cada cosa es intrínsecamente. En la medida en que la materia es creada, posee una significación y puede determinarse la forma en que ha de ser tratada. Es ese respeto por lo que constituye al ente lo que define el deber moral. En una de sus principales obras, *Introducción al cristianismo*, Ratzinger explicó la relevancia de la idea de creación y el peso filosófico de la misma. Mientras que para el mundo griego la naturaleza era eterna, una de las contribuciones más importantes del cristianismo fue la de revelar la creación *ex nihilo*, lo cual no repugna a la razón científica, sino que, como se ha tratado de poner de manifiesto anteriormente, es la base última que la fundamenta. Si se obvia esta comprensión, lo natural es un objeto sin vida, una mera *res extensa*, que una humanidad endiosada, con ambiciones prometeicas, puede explotar sin contemplaciones, pero que no cabe comprender. Su condición de creado es lo que provee de inteligibilidad al universo.

La desacralización de la naturaleza conlleva la imposición del único criterio al que obedece —o sirve— la técnica: nos referimos al poder. Esto explica que uno de los pensadores más revolucionarios en el ámbito de la epistemología, Francis Bacon, no solo rechazara explícitamente el modelo aristotélico, impulsando un *Novum organum*, sino que vinculara el conocimiento científico con la capacidad que ofrece al hombre. «*Scientiam propter potentiam*»; en definitiva, saber es poder.

En *Elogio de la conciencia*, Ratzinger escribió sobre estas cuestiones con hondura inigualable; ahí mismo dijo que el modo de pensar baconiano desnaturaliza al sujeto, en la medida en que para el ser humano no es tan natural preguntarse por el poder, como hacerlo por el deber, abriéndose «a la voz de la verdad y de sus exigencias», como enseñaron tanto Sócrates como otros mártires. Estas figuras «son los grandes testigos de la conciencia, de la capacidad otorgada al hombre para percibir, más allá del poder, también el deber y, por tanto, para abrir el camino al progreso verdadero, al auténtico ascenso»[88].

Una ciencia basada en el poder, desligada de cualquier criterio moral, deviene en enfermedad. O saber amenazante, puesto

---

88   J. Ratzinger, *El elogio de la conciencia, op. cit.*, p. 26.

que puede suponer —y lo sabemos— la destrucción del ser humano y del mundo. Ratzinger fue consciente de algunos de ellos: clonación, producción de fetos, uso económico de material orgánico, expolio del entorno.

Ahora bien, no hay que subestimar las críticas que realiza nuestro autor a la civilización tecnológica, entendiéndolas solo en un sentido moral. El modelo científico de razón es patológico, en primer lugar, porque generaliza y difunde una forma y actitud de ver el mundo que solo es idónea para determinadas áreas, pero que, aplicada a otras o si se generaliza, tiende producir deformaciones. Y, en segundo lugar, se trata de una postura que no es neutral, ni aséptica, como se suele indicar: conlleva una determinada imagen del mundo. Así, la civilización tecnológica impone unas convicciones y valores muy concretos, sin discutirlos, especialmente en el plano religioso y moral, modificando las pautas de comportamiento y cosmovisiones más corrientes. Lo aclaró nuestro autor en su intervención en la ciudad de Ratisbona: «El método científico como tal excluye el problema de Dios, presentándolo como un problema acientífico o precientífico. Pero así nos encontramos ante una reducción del ámbito de la ciencia y de la razón que es preciso poner en discusión»[89].

Con sus reflexiones sobre la realidad creada y el deber de cuidado que tiene el hombre sobre el entorno, Benedicto XVI precedió al Papa Francisco en las preocupaciones ecológicas. Ya como Prefecto había hablado de la necesidad de un «ecologismo cristiano» que partiera del reconocimiento del don de la creación, puesto que es reconociendo el origen de la naturaleza en Dios, de donde se pueden derivar normas que limiten el arbitrio del hombre y su voluntad de esquilmar el entorno natural. Más tarde, como pontífice, en su encíclica *Caritas in veritate*,

---

89 Discurso de Benedicto XVI en la Universidad de Ratisbona, 12 de septiembre de 2006.

explicaba que la Iglesia tiene la responsabilidad de hacer valer en público el respeto al medio ambiente, pero entendiendo este en sentido amplio; además de condenar las formas egoístas y meramente utilitaristas de aprovechar los recursos naturales, sitúa la defensa del entorno en un marco cultural más amplio, en el que se incluye el respeto del hombre hacia sí mismo.

# LA ILUSTRACIÓN,
## CONSECUENCIA DE LA FE

A un teólogo como Ratzinger no podía pasársele por alto el análisis de un período como el ilustrado, época que, en términos filosóficos, constituye el paso definitivo hacia la modernidad. Teniendo en cuenta que hizo de la razón la clave de su pensamiento, el balance sobre aquel momento histórico tan relevante ha de ser matizado: se sabe que los lemas ilustrados —especialmente, el *Sapere aude* Kantiano— trataban de poner de manifiesto la necesidad de desprenderse de supersticiones y abrazar la razón. También se sabe que el modelo de racionalidad que contribuyeron a consolidar aquellas corrientes no era del todo universalista y es esto lo que pondrá de manifiesto nuestro teólogo.

### EL SECULARISMO ILUSTRADO

Concretamente ¿cómo interpretó el movimiento moderno? A su juicio, se trata, en primer lugar, de una corriente que defiende un paradigma de razón cuestionable: propone, a su parecer, una «razón sin raíz», lo cual no deja de resultar irónico, puesto que la Ilustración se obstina por no deslizarse hacia la irracionalidad. Sin embargo, al optar por una razón parcial, incurre en los mismos vicios que critica. Por norma general, los ilustrados defendían un saber basado en los sentidos, en lo factible y verificable. A diferencia de lo que sucede con la razón ampliada, que considera la pluralidad de lo real y las diferentes manifestaciones de la razón, la Ilustración liquida lo que supera la percepción sensible y reputa como un sinsentido lo metaempírico. Aunque no se puede decir que la desorientación esté causada por un solo autor o escuela, cuando se trata de ajustar cuentas con esa época, Ratzinger casi siempre tiene en mente a Kant. El pensador de Königsberg logró integrar en una misma construcción filosófica las exigencias de rigor y necesidad vislumbradas por el racionalismo, con la atención a lo sensible que reclamaba el empirismo. Concluyó, como se sabe, rechazando la posibilidad del conocimiento metafísico y, por tanto, reduciendo la capacidad de la razón por alcanzar lo real. Aunque pretendió compensar ese rechazo mediante la razón práctica, en este campo simplemente recompuso las verdades metafísicas como meros postulados, negándoles valor cognitivo. Es sintomático el cambio que se produce en el caso de la existencia de Dios: si para la tradición clásica, el ser supremo era el garante de la moral, en el caso de Kant es la moral la que aparece como condición de Dios.

Ratzinger vincula, en definitiva, la Ilustración con el auge de una noción muy determinada de libertad, una que deja de estar orientada por la verdad. Así, se emancipa de cualquier criterio de corrección, de cualquier valor. Los ilustrados sueñan con un mundo libre de modo absoluto, tal y como se manifiesta en la evolución del idealismo y el romanticismo. El absolutismo de la libertad tiene que ver con la divinización de lo humano y su obsesión por desbancar a Dios. Si, en el caso de la razón era Kant el pensador por antonomasia, Ratzinger cree que es Rousseau quien tiene que lidiar con la pugna entre libertad y verdad; el ginebrino sostuvo que la naturaleza era la fuerza opresora de la voluntad. La autonomía se define como una libertad sin vínculos, radicalmente emancipada.

Es cierto que los principales representantes del movimiento (Diderot, D'Alembert, etc.) buscaron apuntalar con nuevos parámetros la razón, adaptando a ellos de un modo dogmático todo el espectro de la experiencia humana. Como una de las piedras de toque de la razón es su universalidad, aquello que menos susceptible parece de universalización, como la moral, la religión, la política, el gusto estético, etc., se termina «privatizando». De acuerdo con Ratzinger, «Dios y su querer dejan de ser públicamente relevantes»[90]. Eso dará lugar al fenómeno del secularismo, como veremos en breve.

Al constatar la diversidad de creencias religiosas, el proyecto moderno separa la religión de la razón para evitar un supuesto conflicto irreductible entre ellas. Sea de forma sutil o de un modo explícito, no hay duda de que el plan ilustrado está atravesado de prejuicios anticristianos. Y no es nada anecdótico que se exija la retirada de la religión del espacio público, ya que así se elimina su capacidad de influencia cultural y social.

Por último, es menester hablar del dogma del progreso. Según lo marcado por la filosofía ilustrada de la historia, el desarrollo científico, cultural y moral atravesaría diversas etapas, siempre en línea ascendente: la religión sería un escalón superado. La insistencia en el progreso tiene que ver con la transformación de la noción de verdad, que se asocia al poder, en lugar de ser objeto de contemplación y algo intrínseco a la estructura del mundo, y se vincula al *faciendum*, a la producción. Como han indicado pensadores de la talla de Eric Voegelin o Christopher Dawson, a los que en este punto sigue Ratzinger, el progresismo es una versión secularizada de la escatología cristiana.

Hagamos, finalmente, una mención a la secularización. Si en términos de política activa se secularizaron los bienes

---

90  J. Ratzinger, «Europa, política y religión», *Nueva Revista*, núm. 73, 2001.

eclesiásticos, en términos filosófico-políticos se privatizaron las creencias religiosas. El proceso concluyó sintomáticamente en Francia, con las leyes educativas de J. Ferry, que puso fin, en 1905, a la enseñanza de la religión en el país vecino. El modelo político del liberalismo deslegitimó la intervención pública de la religión, conculcando sus derechos en el mundo moderno. Según explica P. Blanco, basándose en la obra de Ratzinger, «la historia ya no echa de menos una idea de Dios que la precede y conforma; a partir de ahora, el Estado se considera algo puramente secular, basado en la racionalidad y en la libre voluntad de los ciudadanos»[91]. Desde entonces, el secularismo o laicismo, que campa a sus anchas por Europa, se conforma como una ideología que no solo determina la privatización de la creencia religiosa, sino que la considera especialmente perjudicial para la política y la convivencia ciudadana, como señalamos anteriormente.

## EL CRISTIANISMO, LA PRIMERA ILUSTRACIÓN

Sorprenderá saber que la Ilustración del siglo XVIII no fue la primera. La revolución epistemológica, el racionalismo más obstinado y puro, irrumpió muchos siglos antes. Porque fue el cristianismo el que protagonizó la primera revuelta ilustrada; lo hizo a través de la crítica de la religiosidad pagana. Se trata de una idea ratzingeriana bastante significativa, que apunta a la principal aportación de la fe nacida en un rincón de Oriente Próximo. No se trata solo de demostrar que es espuria la antítesis entre religión e ilustración que vende la versión moderna de esta última, sino que se desea exponer el compromiso inexcusable del cristianismo con la racionalidad, aunque sea con un modelo de razón de distinto signo al impulsado por el proyecto

---

91   P. Blanco, *La teología de Joseph Ratzinger*, Palabra, Madrid, 2011, p. 356.

moderno. Por otro lado, la contraposición entre ambas sirve para poner de manifiesto las secuelas «irracionales» de uno de esos paradigmas. La historia del cristianismo, su naturaleza, enseña que la respuesta al racionalismo no es lo que repugna a la razón, sino la ampliación sanadora que suscita en ella lo que sobrepasa el ámbito empírico.

El proceso racionalizador de la religión cristiana depuró al paganismo de sus elementos míticos. Hasta tal punto lo hizo que el compromiso inquebrantable de la fe con el logos aproximó la religión a la filosofía de la que hasta entonces estaba alejada y supuso la asunción de una razón crítica. Gracias a ello, el cristianismo tuvo un efecto purificador sobre las religiones, ayudando, entre otras cosas, a superar la indistinción de la divinidad y el panteísmo con la noción de un Dios personal. Lo explica de un modo bastante elocuente Ratzinger en *Fe, verdad y tolerancia:*

> En el cristianismo la ilustración se convirtió en religión, y no ya en el antagonista de la religión. Por tanto, puesto que el cristianismo se entendía a sí mismo como victoria de la desmitologización, como victoria del conocimiento y, con él, como victoria de la verdad, por esta misma razón el cristianismo tuvo que considerarse a sí mismo como universal[92].

Pero el vínculo entre fe y razón, auspiciado por el mensaje cristiano, ¿es hoy algo ya superado? ¿Está muerto o periclitado? ¿No ha hecho la nueva Ilustración que se extinguiera la ligazón, dotando a la razón de una hondura crítica que amenaza con echar por tierra todo lo que huele a sobrenatural? Todo lo contrario: la Ilustración anticristiana es un nuevo paganismo, una postrera unilateralidad, que debe ser sometida al tribunal de la fe. Ratzinger señala que esta tiene hoy una

---

92   J. Ratzinger, *Fe, verdad y tolerancia*, op. cit., p. 149.

nueva responsabilidad filosófica concretada en dos tareas: por un lado, la fe, a fin de no acabar en superstición insana, tiene que vigilar su propia racionalidad, interrogándose a sí misma; pero, en segundo lugar, al rehabilitar la razón y disponerla para la recepción de la verdad, la belleza y el bien, actúa de acicate en relación con la racionalidad secular. Según ha señalado Daniel Cardó, la fe cristiana desbordaría el debate entre lo racional y lo irracional. Sería más bien «metarracional: lleva a la razón a un plano mayor, al espacio en que el Logos muestra la verdad y se convierte él mismo en el "nuevo inicio a partir del cual pensamos"»[93].

La reciprocidad entre razón y fe no debe hacer olvidar que esta última es un «acto integral», que compromete toda la existencia humana y en el que, por tanto, están implicadas inteligencia, voluntad y sentimiento. Ahora bien, si Benedicto XVI fue suficientemente claro a la hora de analizar el abandono de la fe por parte de la filosofía, también vio con preocupación el descuido de la filosofía por parte del creyente. Y este es también una consecuencia grave del secularismo ilustrado. Por eso, tuvo la valentía de señalar que la razón debía contribuir a la comprensión de la fe, asumiendo la herencia del primer cristianismo. De otro modo, aquella no podría ilustrarse y estaría abocada al sentimentalismo, como ocurrió a comienzos del siglo XIX.

> Esta alianza entre fe y razón —entre las dimensiones natural y sobrenatural— supuso y supone tanto una auténtica «Ilustración» para la fe cristiana como una manifiesta elevación para la razón humana. La nueva razón aquí propuesta está lejos tanto de los excesos y estrecheces del racionalismo, como del vacío y de la ausencia de horizontes de ciertos irracionalismos

---

93 D. Cardó, *La fe en el pensamiento de Joseph Ratzinger*, Eunsa, Pamplona, 2013, p. 73.

de la posmodernidad. Esta razón abierta se concilia también con la sencillez y el sentimiento necesarios para la vida humana y la fe cristina[94].

Hay otra dimensión inherente a la ilustración de la fe que no se debe pasar por alto: hablamos del laicismo. En efecto, la Ilustración moderna sacó del espacio público a la religión precisamente por su supuesto carácter irracional. Frente a la decisión de esta ilustración ideológica, la comprensión que propuso nuestro pensador exige devolver al mismísimo centro de la esfera pública a la religión, puesto que la razón religiosa tiene una perspectiva comunitaria, social y eclesial a la que no puede —ni debe— renunciar. La retirada de la creencia en el espacio público lo ha empobrecido de un modo muy preocupante y por ello es menester recuperar la fe tanto para consolidar la convivencia social como para encaminar a la comunidad política por la senda de una verdadera y saludable ilustración.

## VERDAD Y LIBERTAD

La apuesta de Ratzinger por el ensanchamiento de la razón tiene una base religiosa, pero también epistémica. Partiendo de las palabras del Evangelio —de la presentación de Cristo como «Camino, Verdad y Vida»—, unió la reflexión teológica con la preocupación por el estado de la verdad en el mundo contemporáneo[95]. En un contexto relativista, la pregunta por la verdad ciertamente puede parecer poco moderna, e incluso

---

94  P. Blanco, *La Teología de Joseph Ratzinger, op. cit.*, p. 168.
95  Cualquiera que hubiera seguido de cerca al Papa, se habría dado cuenta de lo relevante y señalado de sus gestos. Así, el que eligiera el lema episcopal «cooperatores veritatis» indica ya el peso de la búsqueda de la verdad en su comprensión de la fe y la existencia cristiana, como hemos tenido ocasión de apuntar en el primer capítulo.

dogmática, porque equivaldría a establecer un juicio o preferencia que se puede considerar intolerante. Además, Ratzinger también censura el pragmatismo que se ha difundido desde un punto de vista cultural, según el cual la verdad se habría reducido a lo que funciona, a lo que sirve. Esa mentalidad, que es consecuencia del sesgo técnico de la modernidad, transforma la verdad en un objeto a disposición del hombre, como si fuera el ser humano su hacedor. Entendida de otra manera, se considera inalcanzable. Refiriéndose a la devaluación de la verdad para la Ilustración, explicó que esta «se vuelve inalcanzable», se sitúa «fuera de la posibilidad de hombre». Y continúa:

> El único punto de referencia se reduce a lo que cada cual puede concebir por sí mismo como bien. Como consecuencia, la libertad deja de verse positivamente como una tensión hacia el bien, tal como lo descubre la razón ayudada por la comunidad y por la tradición, sino que la libertad se define más bien como una emancipación de todos los condicionamientos que impiden a cada uno seguir su propia razón[96].

La verdad no puede ser lo que separa a un hombre de otro, sino el terreno que posibilita el encuentro de quienes piensan diferente[97]. Hay que superar el escepticismo que conlleva el pensamiento moderno y posmoderno, así como vencer los prejuicios —que Ratzinger constata— sobre la verdad. Muchos filósofos y pensadores han insistido en la contraposición entre verdad y libertad. Uno de los postulados de la posmodernidad consiste en señalar que la verdad es el nombre adquirido por el poder. Foucault, Derrida, Lyotard o Deleuze son algunos de los intelectuales franceses que han denunciado el pensamiento de la identidad y la coacción que encubre la referencia a la verdad.

---

96  J. Ratzinger, *El elogio de la conciencia, op. cit.,* p. 40.
97  Lo que se dice acerca de la verdad, cabe predicarlo del resto de los trascendentales, como la belleza o el bien.

Una tesis que se revela anticristiana no solo por el lazo íntimo que existe entre cristianismo y verdad, sino sobre todo porque contradice la enseñanza de Jesús: «La verdad os hará libres» (Jn 8, 31). A diferencia de lo revelado por Cristo, para esta línea de pensamiento, como vio el Papa alemán, la verdad no sería lo que libera, sino que más bien sería el hombre quien debería librarse de ella.

La razón cristiana nos alecciona de un modo completamente diverso: la verdad no solo no contradice la libertad, sino que es el bien que libera y emancipa. Porque una libertad que se ejerce más allá de la verdad o en contra de ella, no es una libertad auténtica, sino un sucedáneo, una ficción. O un fraude. La verdad es lo que ofrece sentido a la libertad, que de otro modo desemboca, como se constata desgraciadamente hoy, en el más completo nihilismo, puesto que, sin verdad, la libertad no tiene dirección, ni medida, ni significado antropológico alguno.

Por otro lado, nada más alejado de lo que es la verdad suponer que esta posee un carácter dogmático o coercitivo. Para Ratzinger, es el logos humano, participación en la razón divina, que se ilumina en la conciencia, lo que alumbra y hace resplandecer la verdad. De ahí que tenga esa pretensión universal y que mediante el ejercicio de la razón sea más una propuesta que una imposición. No está de más recordar, a este propósito, que la naturaleza de la verdad no es la que supuso el sistema racionalista, sino una invitación amable, radicalmente libre. De hecho, por su propio principio, la verdad cristiana se opone a cualquier sistema: su esencia es la libertad, la libertad que incluye lo que no cabe deducir de la intervención de Dios —la creación es fruto de su libre querer— y excluye las cohesiones racionales perfectas, advirtió el pontífice emérito.

El cristiano, convencido de la verdad de su fe, ha de comprometerse con la verdad y enfrentarse con valentía a esa confusión que afirma que la verdad encadena. Desde este punto de vista, se puede decir que si se ha alejado la cultura moderna de Dios es porque se ha distanciado de la verdad y de la libertad auténtica. La crisis del cristianismo y la crisis de la verdad, junto con la de la libertad, corren necesariamente parejas, pues Dios es razón, libertad y se presenta como verdad para la inteligencia del hombre. Por esa razón, la crisis de la verdad no solo causa una crisis del cristianismo, sino que decide una crisis antropológica en cuanto la persona vive y necesita la verdad.

Verdad y libertad se conectan en la realidad de la persona y la naturaleza humana. La verdad sobre esta última es lo que otorga sentido al ejercicio de la libertad y lo emparenta con la razón. Cuando se desconocen estos extremos, la libertad queda cifrada meramente en el deseo, porque la unidad entre razón y voluntad salta por los aires. Aquellas visiones que niegan la verdad son las que también rechazan la existencia de la naturaleza humana y, por tanto, tienden a absolutizar la libertad, renunciando a sus límites. Pero cuando se pasa por alto lo que constituye al ser humano, la libertad deja de tener sentido: es un vacío. Se trata de una conclusión que se percibe con toda claridad nuevamente en la obra de Sartre, cuyo existencialismo era ateo precisamente porque, al desterrar la esencia humana, transformaba la existencia en el ámbito del ejercicio irrestricto de la libertad.

Este planteamiento es falso, según exponía Ratzinger, porque el ser humano es contingente, limitado, y deben serlo, en coherencia, sus principales cualidades. La teología lo enseña y hay que tenerlo en cuenta, puesto que el saber sobre Dios posee un innegable sentido antropológico: en la indagación sobre la revelación y naturaleza divina se transparenta lo que es el hombre, lo que le constituye, y la esencia de la creación. La libertad es un valor innegable, pero hay que relativizar su sentido: es un bien y un bien importante, pero coexiste con otros y conforma con ellos un conjunto armónico indisoluble. Si se absolutiza, convirtiéndola en pieza nuclear de una concepción antropológica individualista, se desliga de su integración con la naturaleza humana y se olvida su papel en la realización existencial de la persona.

Tampoco es cierto que la libertad exija renunciar a toda norma. La anomia a la que conduce la absolutización de la libertad no repara en que esta tiene como objetivo servir a la plenitud humana. La afirmación incondicionada de la libertad, sin referencia a la verdad objetiva, destruye esa libertad. Esta debe estar ligada a la realidad —la verdad—, que es lo que constituye su medida. Es eso lo que da sentido a la libertad, lo que orienta su ejercicio y lo transforma en humano, digno de la persona.

## LOS DIVERSOS SENTIDOS DE CONCIENCIA

La conciencia se ha convertido en el tema indiscutible en el seno de la ética y también de la teología moral católica. No hay duda de que lo ha hecho como consecuencia de la generalización de la mentalidad individualista, de modo que esta circunstancia exige repensar tanto lo que significa «conciencia» como su conexión con la libertad y la verdad. En efecto, la primacía de la conciencia, entendida de modo subjetivista, ha estado vinculada a la difusión de la libertad moderna, concebida como un poder que posee o detenta el sujeto. En este sentido, se suele entender como garantía de la libertad. Pero eso supone un reduccionismo. El Papa se propuso elevar el debate acerca de la conciencia y situarlo en un marco metafísico y epistemológico. Es decir, aunque señala que se ha discutido sobre la conciencia en términos morales, subrayando la enseñanza cristiana que advierte de la inmoralidad de obrar en contra de la conciencia individual, eso no significa que la conciencia sea infalible, sino que evidencia su doble estructura y su estrecha relación con la verdad objetiva.

A tenor del desarrollo de la subjetividad moderna, habría que diferenciar dos concepciones de la conciencia: la liberal y la clásica.

Un enfoque liberal entiende la conciencia como un punto de vista personal, emparentado, como se ha dicho, con la subjetividad. Esta forma de pensar parte de la relevancia que el pensamiento moderno, con Descartes a la cabeza, otorga a la autoconciencia. Al final de ese proceso, hay una sustitución de la verdad objetiva por la certeza, el sentimiento o convencimiento personal sobre la realidad de las cosas.

La interpretación liberal es muy diferente de lo que pensaba el pensamiento clásico, que no exigía esa ruptura entre verdad, realidad y certeza. La conciencia era, pues, «la ventana que abre al hombre de par en par al panorama de la verdad universal, la cual nos fundamenta y sostiene a todos, y de ese modo hace posible, a partir de su reconocimiento, la solidaridad del querer y de la responsabilidad [...], la apertura del hombre al fundamento de su ser, la posibilidad de percibir lo más elevado y esencia»[98].

La conciencia, desde el prisma que deseaba recuperar Ratzinger, no solo tiene un valor antropológico y define o sustenta la unidad del yo, sino que es el órgano de la transparencia de Dios en los hombres. Eso fue lo que evitó que la conciencia se conformara como un principio individualista y que los antecesores de la modernidad incurrieran en el subjetivismo. El ejemplo son san Pablo y san Agustín, inspiradores de toda la obra de Ratzinger: de acuerdo con ambos, en la exploración del yo, en la más honda intimidad, se descubría la luz de Dios, no la atribulada voz de un yo anémico. Esta comprensión claramente vacuna al ser humano contra la absolutización de la perspectiva individual.

A la hora de explicar la antítesis entre estas interpretaciones, Ratzinger aclaró:

---

98   J. Ratzinger, *El elogio de la conciencia*, *op. cit.*, p. 13.

Se contraponen actualmente dos conceptos de la conciencia moral, que en la mayoría de los casos la gente suele confundir. Para Pablo, la conciencia moral es el órgano de la transparencia del Dios único en todos los hombres, que son un solo hombre. Por el contrario, en la actualidad la conciencia moral aparece como expresión de la absolutidad del sujeto, más allá del cual no puede haber ninguna instancia en lo que respecta a la moral [...]. Y así, en el concepto moderno de la conciencia moral, dicha conciencia es la canonización del relativismo, de la imposibilidad de establecer normas morales y religiosas comunes, mientras que, por el contrario, para Pablo y la tradición cristiana, la conciencia moral fue la garantía de la unidad del hombre y de la posibilidad de escuchar a Dios, de la común obligatoriedad del mismo y único bien[99].

Para agravar más la situación, las promesas del subjetivismo moderno devienen vanas. Pese a que se suponía que la reivindicación radical de la conciencia subjetiva comportaría la liberación del yo, en realidad la subjetividad desembarazada de la verdad convierte al ser humano en un títere sometido a la opinión dominante. Eso implica la victoria definitiva del relativismo, puesto que esa noción individualista de conciencia constituye un claro y evidente rechazo de la opinión, la cual, finalmente, quedaría sustituida por la verdad del sujeto, es decir, por manifestaciones de sinceridad y subjetividades.

Ratzinger se inspiró en Tomás Moro y en J. H. Newman como representantes y testigos vivos de la concepción clásica de conciencia. Ellos fueron clarividentes hasta el extremo de convencerse de que la conciencia no implica la exacerbación del criterio subjetivo —con el consiguiente debilitamiento de la verdad objetiva—, sino, por el contrario, el descubrimiento —la patencia— de esta última. Cuando Newman, frente a las críticas de sus contemporáneos, brindaba por la conciencia y,

---

99   J. Ratzinger, *Fe, verdad y tolerancia*, *op. cit.*, p. 180.

después, por el Papa, no estaba refiriéndose a la certeza subjetiva o a una pretensión individual, sino que partía de la precedencia de la verdad de las cosas. Es así la verdad objetiva lo que asegura la conexión y familiaridad entre los dictámenes de la autoridad, el dogma y la conciencia. Otro pensador importante en esta cuestión, cuya filosofía resulta, según el propio Ratzinger, esencial, es Sócrates, que, como sabemos, murió para defender la objetividad y su resonancia en la conciencia frente a la sofística.

Pero ¿cómo combinar la presencia de la verdad en la conciencia con la decisión individual? Ratzinger advirtió que en la conciencia existía una doble estructura. Un primer nivel es el anamnético. Más platónico que tomista, para el Papa, el primer plano de la conciencia era el de la reminiscencia, que equivale a la sindéresis medieval. La conciencia así tomada se refiere al recuerdo que tiene el hombre, infundido por Dios, de lo bueno y lo verdadero, basado en la imagen y semejanza con el creador. Se trata «de un sentimiento interior, una capacidad de reconocer» todo lo que resulta conforme con Dios. Es, pues, la conciencia y su ligazón con la verdad. A ello se añade la *conscientia,* el momento del juicio o la decisión moral, en el que opera la disposición humana para aplicar el conocimiento a las situaciones concretas. La conciencia aquí desempeña tres funciones: reconocer, dar testimonio y juzgar.

Aclarada esta doble estructura, cabe preguntarse qué quiere decir esa verdad católica según la cual la conciencia siempre obliga, incluso la errónea. Esa enseñanza no solo implica que nadie puede beneficiarse éticamente de acciones en las que no cree, sino que la persona ha de seguir siempre —como Sócrates, como Moro, como, en fin, todos los mártires— la verdad que dimana de su voz interior. Y, sin embargo, eso no puede servir de ningún modo para justificar acciones que operan en contra de los principios de la dignidad personal. Ratzinger sostuvo que la conciencia errónea compromete en el plano de la *conscientia,* de modo que el individuo que realiza acciones —sean cuales sean— de acuerdo con su conciencia no está obrando de manera inmoral (lo inmoral sería ir en contra de ella). Pero eso está lejos de exonerarle de todo y no albergue culpa: puede que esta sea grave y resida en el olvido de lo propiamente humano, o sea, en la pecadora voluntad de preterir el plano anamnético, en el que reside el vínculo de la acción con la verdad.

# DOS TITANES FRENTE A FRENTE. RATZINGER VS. HABERMAS

Para comprender cuáles son las consecuencias de la ampliación de la razón, conviene estudiar y analizar detenidamente el debate que mantuvieron Joseph Ratzinger y Jürgen Habermas en 2004[100]. Aunque pertenecen a tradiciones filosóficas distintas, ambos se han destacado por ocuparse de los límites del reduccionismo positivista y han hablado de la necesidad de reconstruir la racionalidad. Los dos están convencidos de que sin un adecuado modelo de razón es imposible superar la crisis del hombre y de la sociedad. Frente al secularismo o laicismo, que privatizó la religión y la convirtió en una decisión de la subjetividad sin ningún fundamento, Ratzinger recordó siempre los beneficios que puede tener la presencia de Dios en el espacio público. A diferencia de Habermas, que de alguna manera absolutiza la razón dialógica, entendía que la vida política se asienta sobre presupuestos no políticos y que gracias a ellos se puede salvaguardar la libertad de los ciudadanos.

---

100 Nos hemos ocupado de ello más extensamente en J. M. Carabante, «¿Qué aporta la religión al Estado de Derecho? Comentario sobre el encuentro entre Benedicto XVI y J. Habermas», *Foro*, núm. 4, 2006, pp. 221-228.

# RAZÓN ABIERTA Y RAZÓN COMUNICATIVA

La reunión en Baviera puede ser considerada como «el acontecimiento del siglo», pues representaba un encuentro entre el principal baluarte de la teología católica y el portavoz del ateísmo metodológico y sustantivo. La finalidad de la cita era debatir sobre los presupuestos del Estado de Derecho y ninguno de los interlocutores defraudó las expectativas. La cuestión no se decidió solo en el ámbito de la filosofía política y social, sino que se extendió por otras regiones y puso de manifiesto las diferencias del modelo de razón que defendía cada participante.

Para Ratzinger, era indispensable ampliar el horizonte de la racionalidad, porque de otro modo era imposible defender la dimensión pública de la fe. En el caso de Habermas, el encuentro marcó un antes y un después en su trayectoria. El pensador alemán ha pasado de exigir, en continuidad con el secularismo ilustrado, la retirada de las creencias del espacio público, a admitir —y a insistir, desde entonces— lo bueno que puede ser lo religioso para una sociedad hiperliberal y desmoralizada.

Más allá de lo que se debatió y de la diferencia de tradiciones y estilos filosóficos, el evento en Baviera demostró la verdad de lo que ambos, con más o menos suerte, defienden: que las divergencias filosóficas, sean de la índole que sean, no son un inconveniente cuando se reconoce la primacía de la razón y se comparte una misma pasión por la verdad. Los dos, pues, se mostraron como lo que son: tal vez los intelectuales alemanes más importantes de la última parte del siglo XX. No consiguieron solventar las diferencias de fundamentación —al final, se trata de una cuestión metafísica—, pero es relevante que Habermas reconociera que el discurso público no puede cerrarse a las aportaciones de los creyentes. Además, en relación con Ratzinger, su intervención sirvió para mostrar que la teología puede dar respuestas a las cuestiones de nuestro tiempo y que la fe fuerza el enriquecimiento de la razón, sin menoscabar la propia racionalidad.

A pesar de lo que aparentemente distingue a un filósofo formado en el marxismo de un obispo y cardenal, en realidad Ratzinger y Habermas están menos separados de lo que podría pensarse. Hay ya, desde un primer momento, bastantes coincidencias biográficas. Aunque Ratzinger era unos años mayor que el filósofo —nació en 1927; Habermas, en 1929— pertenecen a la misma generación. Los dos experimentaron durante su niñez la tragedia del nacionalsocialismo y en su adolescencia tuvieron que vérselas con la cuestión de la culpa del pueblo alemán[101].

No es casual, por tanto, que su pensamiento responda a una necesidad existencial: la de buscar las causas más profundas de ese proceso de deshumanización que llevó a una sociedad como la alemana a abrazar el nazismo. Se trata de un problema que está en la base de la preocupación que comparten, ya que ambos se preguntan cómo fue posible que el sueño de una razón universal e ilustrada terminara en esa radicalización totalitaria. Y coinciden en la respuesta: para Ratzinger, hay un itinerario que conduce del empobrecimiento de la razón hasta la crisis de la sociedad alemana, del mismo modo que Habermas, aunque menos crítico con la Ilustración, entiende que la deriva tomada por la filosofía moderna es demasiado estrecha y plantea a su modo una ampliación análoga.

Como cabeza visible de la segunda generación de la Escuela de Frankfurt, Habermas comparte el análisis que sus maestros, Horkheimer, pero especialmente Adorno, habían hecho sobre la dialéctica y contradicciones del proyecto ilustrado. Los fundadores de la llamada Teoría Crítica concibieron el

---

101 Aunque cuando fue elegido pontífice hubo medios que quisieron vincularle con el régimen nazi, Ratzinger estuvo en el ejército alemán porque fue llamado a filas. Pero desertó.

racionalismo como un programa político y clasista, interpretando la historia de las ideas en la clave ofrecida por Marx. Y denunciaron la deriva incontrolable del racionalismo, junto con sus evidentes efectos políticos. Para ellos, la estructura instrumental de la razón concluía, al fin y a la postre, cosificando a los hombres; de ahí sus tendencias totalitarias, tendencias que no solo salieron a la luz con el nacionalsocialismo, sino que están presentes, si bien ocultas, en las sociedades liberales de mercado.

Nótese la relación que guardan estas reflexiones con las de Ratzinger, tal y como las hemos expuesto hasta ahora. Es evidente que el que fuera guardián de la ortodoxia no fue un materialista, como sí lo eran los integrantes de la escuela frankfurtiana. Es más, fue en sentido lato espiritualista, pues abordó el problema del logos y de las ideas divinas previas a la realidad creada. Pero a grandes rasgos coincide con el diagnóstico de Horkheimer y Adorno: la razón emancipada, sin límites, tiene efectos destructivos. A lo que los frankfurtianos denominan razón instrumental, Ratzinger lo llama modelo moderno de razón, un paradigma que la fe puede purificar, sanando sus inclinaciones totalitarias.

Si del proceso de racionalización iniciado con la modernidad se han seguido tantas consecuencias indeseables, es, afirman Ratzinger y Habermas, porque a la razón promovida por el cientificismo moderno le falta envergadura. La ciencia nos informa de aspectos de la realidad desconocidos, pero yerra quien suponga que su visión agota el horizonte del mundo. O sea, la razón científica es válida y legítima, pero parcial y estrecha; y no es idónea para hallar verdades irreductibles a los procesos de racionalización.

El debate en Baviera fue también una llamada de atención sobre los peligros de la deriva cientificista, peligros que tanto Habermas como Ratzinger coincidieron en que no habían desaparecido. Las biotecnologías —a lo que se suma hoy el transhumanismo— ponen de manifiesto que los riesgos asociados a la razón ilustrada son numerosos y complejos y que no cabe confiar en resolverlos apelando a la fuerza cultural que idolatra lo científico. Ratzinger denunció a lo largo de su carrera aquellas prácticas que consideraba contrarias a la dignidad, como el aborto, la eutanasia o la manipulación de embriones; Habermas ha hecho lo propio en relación con la mercantilización de los procesos reproductivos[102]. Todas esas prácticas reclaman respuestas éticas y lo que quedó claro en el diálogo mantenido por estos dos gigantes del pensamiento es que la ciencia no ofrece criterios para salir del atolladero moral.

## HABERMAS, ADALID DE LA RAZÓN COMUNICATIVA

En Habermas, la voluntad de ampliar el alcance de la razón se ha materializado en su interés por los procesos comunicativos. A diferencia de Ratzinger, que avistó el trasfondo metafísico que opera como sustento de la razón, el primero se inscribe en las corrientes que aceptan la defenestración de la ontología y convierten la verdad en el fruto de una suerte de proceso democrático. Con todo, su amplio estudio sobre el pensar moderno incide en los límites que tiene y se propone con su obra superarlos.

Pero ¿quién es Habermas? ¿Hasta qué punto se puede decir que continúa la estela abierta por el añorado Instituto de Investigación Social? Sin entrar en la polémica académica sobre su pertenencia a la estirpe de Horkheimer y Adorno, como estos últimos considera que la modernidad ha tomado

---

102 Aunque Habermas es partidario del aborto. Para su opinión sobre la eugenesia, cfr. J. Habermas, *El futuro de la naturaleza humana. ¿Hacia una eugenesia liberal?*, Paidós, Barcelona, 2002.

una senda equivocada y, en lugar de conducir a la emancipación del hombre y de la sociedad, ha llevado a su sometimiento. El autor de *Teoría de la acción comunicativa* acepta más o menos esta interpretación, pero cree que quienes le antecedieron no fueron capaces de articular un paradigma racional alternativo. Denunciaron el reduccionismo y las secuelas de la mentalidad naturalista, pero ¿desde qué estructura de razón lanzaron sus críticas? No supieron dar con la alternativa; por ejemplo, Adorno terminó elaborando una suerte de doctrina esteticista, en donde el arte se convertía en la piedra de toque de la crítica. Por su parte, Horkheimer alcanzó un planteamiento casi místico. Sea como fuere, ninguno de los dos logró encauzar su oposición a partir de un paradigma de razón distinto y suficientemente fundado.

Se puede entender, por ello, la producción habermasiana como un empeño tanto crítico como constructivo por superar las deficiencias de quienes le precedieron. De modo análogo a Ratzinger, también él busca extender la racionalidad a fin de que puedan sustentarse no solo las ciencias empíricas, sino las sociales, la ética y la política, y un ambicioso programa de emancipación. A ello se añaden otras dos inquietudes: abordar la dualidad teórico-práctica y batallar contra la deriva tecnocrática y someter a juicio a las sociedades capitalistas, pues estas son el fruto —podrido, a su juicio— de la técnica positivista.

En una de sus primeras obras, *Teoría y praxis*, publicada en 1963, Habermas estudiará la unilateralidad del modelo moderno de razón. Allí dice que las rémoras de la modernidad son insalvables: prima el subjetivismo, el yo. Y se da cuenta de que es en el diálogo y en los procesos comunicativos donde mejor se transparenta la razón. Esta se declina intersubjetivamente y aflora en el encuentro de sujetos racionales. Basándose en la defensa argumental de los enunciados, Habermas juzgará racional las expresiones que concitan el consenso de los participantes en un diálogo[103] o, lo que es lo mismo, aquella expresión que puede ser aceptada por otro sujeto en base a razones. «El concepto de acción comunicativa presupone el lenguaje como un medio dentro del cual tiene lugar un tipo de procesos de entendimiento en cuyo transcurso los participantes, al relacionarse con un mundo, se presentan unos frente a otros con pretensiones de validez que pueden ser reconocidas o puestas en cuestión»[104], sostiene.

La razón tiene un carácter discursivo porque los hablantes, cuando entablan procesos de comunicación, lo hacen manteniendo ciertas pretensiones de validez acerca de sus enunciados: la verdad, la corrección normativa, la veracidad, pretensiones que, en caso de duda, habrá de corroborar o mostrar. Es entonces cuando la razón pasa a estar en acto, puesto que los participantes asumen el deber de argumentar y justificar su postura con la única ayuda de la razón y sus proposiciones. Como la razón se desempeña a través de los discursos, es necesario que estos cumplan una serie de condiciones a fin de garantizar que aflore la racionalidad; serán válidos, afirma Habermas, siempre que se realicen en condiciones de igualdad y en todo caso si se asegura que la última palabra la tenga siempre el mejor argumento, nunca la fuerza.

Algunos han criticado que en esta concepción la razón se identifique con el proceso democrático. Y es que la clave del pensamiento habermasiano consiste en replantear la cuestión de la verdad y del deber en términos convencionales: en ambos casos, lo verdadero y lo bueno es aquello que los participantes en un discurso ideal consensúan. La comunicación suplanta a la ontología, el trasfondo que, desde un punto de vista realista, sustenta la ciencia y la moral. Se ha indicado, además, que

---

103 Un diálogo contrafáctico o idealizado.
104 J. Habermas, *Teoría de la acción comunicativa.* Vol. I, Taurus, Madrid, 1887, p. 133.

la propuesta del heredero de Adorno es demasiado idealista y pasa por alto las deficiencias de muchos diálogos: hay en ellos manipulación, prejuicios, particularismos... No tenemos ocasión de entrar de lleno en todos estos problemas y, a efectos de este ensayo, lo decisivo es que, con sus limitaciones y problemas, la racionalidad comunicativa constituye un camino contemporáneo interesante y novedoso para desprenderse de la miopía de la razón moderna. Lo que interesa es ver cómo Habermas comparte con nuestro autor la misma voluntad para superar los desafíos de la cultura contemporánea. Nunca la ortodoxia católica y el ateísmo habían estrechado con tanta cordialidad sus manos.

## CONSTRUCTIVISMO POLÍTICO Y PATRIOTISMO CONSTITUCIONAL

Pero volvamos al tema de aquel encuentro. Habermas, sin abandonar su secularismo, propone entender la filosofía y la teología como disciplinas tanto distintas como antagónicas. La filosofía tiene pretensiones universalistas; la teología, al circunscribirse a la revelación, se dirige en exclusiva a la comunidad de creyentes; por ejemplo, a los bautizados. Y eso implica que la teología no tiene pretensión alguna de verdad, a diferencia de lo que sucede con la reflexión secular. Seguramente el lector sacará la conclusión apropiada: si se tiene en cuenta lo explicado en páginas anteriores, es fácil colegir que la opinión habermasiana resta racionalidad a la fe. Partiendo de estas ideas, ¿cómo lee Habermas el proceso de modernización? Desde su punto de vista, la secularización no tiene vuelta atrás.

¿Acaso Ratzinger confunde lo teológico y lo profano, lo sagrado y lo filosófico? Nada más lejos, pero en su intervención aclaró que la diferencia no tiene por qué entenderse como incomunicación. La tradición demuestra que el diálogo entre fe y razón es enriquecedor para ambas instancias, algo que, con el tiempo, Habermas ha terminado reconociendo[105]. Por aquel entonces, Ratzinger acusó a Habermas de fideísta y, aunque elogió su deseo de ampliar los márgenes de la razón, indicó que su esfuerzo fracasaba. También tuvo ocasión de mostrarse más moderado a la hora de enjuiciar la Ilustración, alabando los efectos positivos de aquel movimiento, en la medida en que «sometió a la fe a la vigilancia de la razón». Eso le dio pie para concluir que lo deseable era ahora proceder de modo inverso y que, ante los disparates de la razón, no había más remedio que someter a esta última a la «vigilancia de la religión».

Pero el problema al que se enfrenta Ratzinger cuando tiene que referirse a la propuesta de su interlocutor posee alcance metafísico. Mientras que para Benedicto XVI, la realidad no se agota en lo mensurable y sale al encuentro del hombre, Habermas declara que el ser humano ha entrado en una nueva etapa posmetafísica. ¿A qué se refiere con ello? A una posibilidad construccionista que, sea como fuere, no acepta la realidad como criterio —ni en sentido cognitivo ni normativo—. Por eso, entiende que la verdad, el derecho o el bien no son instancias que advienen al hombre —o que este descubre—, sino resultados de procesos discursivos en los que los hablantes, de acuerdo con unas determinadas condiciones, llegan a acuerdos racionales. La realidad es muda; el sentido se lo incorpora el ser humano.

Sin aludir a estas cuestiones, no se puede entender el tema del encuentro ni el disenso entre los interlocutores. Habermas es inmanentista y rechaza la trascendencia, de modo que, en lo que tiene que ver con los fundamentos de la convivencia social, reconduce la cuestión de la legitimidad y justificación del Estado a un planteamiento positivista: para él toda legitimidad bebe de la legalidad en la medida en que esta se entiende de modo discursivo. Pues es evidente que un pensador posmetafísico no

---

105 Así lo ha hecho en su repaso por la historia de la filosofía. J. Habermas, *Una historia de la filosofía*, Trotta, Madrid, 2023.

puede aceptar la vinculación de un supuesto derecho natural que no posea una raíz voluntarista, democrática o discursiva. La paz social depende de las convenciones que asumen los integrantes del Estado. Se trata de un fundamento de índole procedimental, ya que lo legal es lo legítimo y arraiga en la voluntad generada discursivamente en los procesos formales. Eso significa, al fin y al cabo, que no hay instancias prepolíticas, naturales, en las que el Estado se legitime.

Dejemos que sea él mismo quien nos indique lo que pretende:

> Si entendemos el proceso democrático como método para generar legitimidad partiendo de la legalidad [...], no surge ningún déficit de validez que precise de la ética. Frente a la concepción del Estado constitucional proveniente del hegelianismo de derechas, la concepción de procedimientos inspirada en Kant insiste en una justificación autónoma de los principios constitucionales, con la pretensión de ser aceptable racionalmente para todos los ciudadanos[106].

Es, por tanto, la razón discursiva la que provee de legitimación al Estado. Para Habermas, los Estados de Derecho no necesitan de las razones para justificar su convivencia; tampoco las religiones tienen papel para cubrir los supuestos déficits de legitimación ni para fundar la solidaridad entre los ciudadanos. La única manera de justificar estos principios tiene que ver con el potencial democrático inscrito en la racionalidad comunicativa. El alemán cree que los ciudadanos, obedeciendo a los imperativos de la propia razón, deben encontrar suficientes motivos para asentir al orden constitucional. Así, el famoso filósofo de la razón comunicativa aparece como un heredero fiel de Kant: autonomía y racionalidad son los principios en los

---

106 J. Habermas y J. Ratzinger, *Entre razón y religión. Dialéctica de la secularización*, FCE, México, 2008, p. 15.

que se funda no solo la legitimidad del Estado, sino la obediencia política.

Con todo, las reflexiones de Habermas se mueven en el plano de lo ideal. Y alguien que ha experimentado hasta qué punto es frágil el Estado de Derecho, no puede pasar por alto lo que sucede en la realidad: muchas veces, ni la ley ni los valores universalistas son eficaces para mover a la participación y cooperación, ni alcanzan a generar compromisos. A este respecto, es conveniente diferenciar, de un lado, los problemas de fundamentación del Estado, la negativa habermasiana a reconocer que existen bases que se escapen de la legitimidad procedimental, de lo que denomina problemas de motivación. Estos últimos tienen que ver con la capacidad de la razón democrática para generar obediencia entre los ciudadanos. Sin entrar en muchas disquisiciones, la posmetafísica indica que, a ojos de un sujeto racional, la cultura secular debería ser suficiente para consolidar lazos sociales y políticos.

Al hilo de estas problemáticas, Habermas ha hecho suyo un concepto enormemente sugestivo: nos referimos a la idea de patriotismo constitucional. Aunque empleada y difundida por él, la expresión se la debemos al jurista alemán Dolf Sternberger, quien se refirió a ella cuando concluía la década de los setenta del pasado siglo, como medio para esbozar una identidad común, por encima de los credos y cosmovisiones, de los ciudadanos de un mismo Estado. La fórmula tiene la intención de poner de manifiesto no solo la necesidad de contar con un marco cultural común y compartido, sino el agotamiento de los existentes. Frente a una política y un derecho demasiado vinculados con tradiciones nacionales, filosóficas, religiosas o ideológicas, se pretende construir un «horizonte común» que fundamente la fidelidad del ciudadano al Estado sobre la base exclusiva de la razón.

El patriotismo constitucional da respuesta a la problemática identitaria de los Estados posnacionales, que no se pueden —ni se deben— fundamentar exclusivamente en valores étnicos o particularistas. Así, tiene como misión facilitar la identificación del individuo con los valores constitucionales y posmetafísicos. Alude, por tanto, a un depósito que surge de razones procedimentales en favor de lo democrático, no al conjunto axiológico de una determinada tradición cultural. Y es que los ciudadanos maduros, reflexivos, autónomos y racionales de las democracias modernas deben seguir los mandatos de la razón y ser capaces de asentir a los principios que resultan del proceso deliberativo.

A pesar de la importancia que puede tener, el patriotismo constitucional constituye una ficción. Esto, sin embargo, no debe hacernos perder de vista que tiene un objetivo esencialmente práctico: la integración social. Atento a los cambios en las comunidades y pueblos, Habermas se ha percatado de la configuración multicultural de las sociedades contemporáneas: la diversidad de las mismas, su pluralidad a todos los niveles (históricos, culturales, religiosos, sexuales) pone en entredicho el Estado nación[107].

El patriotismo constitucional, superando los particularismos y las exclusiones, ofrece una orientación y campo común, por encima de las diferencias. Ahora bien, como no deja de ser una suerte de «invento», hay quienes han creído que no se pueden construir las identidades colectivas mediante abstracciones y valores ahistóricos. El propio Habermas ha sido consciente de este desafío y no ha tenido reparos a la hora de señalar que, para ser viable y efectivo, el patriotismo constitucional no ha de quedar supeditado solo a bases constitucionales y frías,

---

107 De acuerdo con los principios de la modernidad política, cada nación constituye —o debe constituir— un Estado. Aunque este es el principio básico del nacionalismo en realidad antes del siglo XIX ya se había difundido la idea de que la uniformidad política debía asentarse sobre una previa uniformidad cultural. J. Habermas, *Identidades nacionales y posnacionales*, Tecnos, Madrid, 1989, pp. 118-119.

sino ser injertado asimismo en el haz de tradiciones y valores de carácter cultural, tradicional o histórico.

A fin de cuentas, el inconveniente del patriotismo constitucional es el de ser una teoría, algo que se puede decir de muchas de las aportaciones habermasianas[108]. El propio pensador alemán, a medida que analizaba la problemática contemporánea y tomaba conciencia de los trastornos de las sociedades actuales, se dio cuenta de la ineficacia de su propuesta constitucional. No en vano, ha sido su esterilidad la que abrió una grieta en el edificio de su secularismo. Habermas, ateo convencido y radical, no tuvo más remedio que reconocer en su encuentro con el Prefecto de la Congregación para la Doctrina de la Fe, que, en las sociedades neoliberales, basadas en el individualismo consumista, las fuentes de la moralidad se habían secado y que predominaban de un modo inquietante las razones económicas[109]. Ante la amenaza de esas fuerzas desintegradoras, tomó la decisión de poner en cuarentena el patriotismo constitucional y de acudir a otras fuentes culturales, entre ellas las religiones, como una especie de medida terapéutica para lograr el acercamiento entre los ciudadanos, es decir, a fin de renovar la conciencia social y fundar de nuevo la cooperación.

Antes de despedirse en Baviera, reconoció que la fe puede reparar la solidaridad ciudadana:

> Resulta también en interés propio del Estado constitucional cuidar la relación con todas las fuentes culturales de las que se

---

108 J. M. Carabante, *Entre la esfera pública y la política discursiva*, Difusión, Madrid, 2013.

109 En realidad, esto no es nada nuevo. Habermas ha entendido el proceso de modernización como una colonización paulatina del mundo de la vida —de la moral— por los imperativos y valores económicos, lo que denomina sistema. Con la promoción de la razón comunicativa, lo que desea este pensador es, precisamente, invertir ese desarrollo y que sean los valores morales los que orienten al sistema económico.

alimentan la conciencia normativa y la solidaridad de los ciudadanos —explicó—. Esta conciencia que se ha vuelto conservadora se refleja en el discurso de la sociedad postsecular. Esto no solo se refiere al hecho de que la religión se mantiene firme en un ambiente cada vez más laico y que la sociedad cuenta con que las comunidades religiosas se mantengan[110].

## LA INSUFICIENCIA DE LA RAZÓN DISCURSIVA

¿Cuál era, en cambio, la postura de Ratzinger? El Papa no podía compartir con su coterráneo la visión racionalista y abstracta y habló de legitimidad apelando al derecho natural, a la existencia de un conjunto normativo y axiológico anterior al Estado y superior, por esa misma razón, al derecho positivo que emana del poder civil. En contra de lo que suponía Habermas, no todo el derecho ni toda norma tienen origen humano. Eso no conlleva admitir coerciones, sino salvaguardas que protegen al ciudadano ante la arbitrariedad del poder. Para Ratzinger, al fin y al cabo, la postura iusnaturalista constituye un correctivo y establece límites a los dictados de la autoridad, defendiendo a la sociedad de la amenaza totalitaria. Y es que la suposición de que el único derecho válido es el que nace de la discusión racional no impide la caída en el radicalismo: como alemanes, ambos saben que ni siquiera la democracia está a salvo de raptos autoritarios.

La concepción de Ratzinger es menos convencional: por un lado, no limita el campo del derecho ni a lo que emana del poder ni a las normas positivas, sea cual sea el procedimiento mediante el que se aprueben; tampoco hace depender la legitimidad de las leyes de unos determinados procedimientos

---

110 J. Habermas y J. Ratzinger, *Entre razón y religión, op. cit.*, pp. 28 y 29.

formales en exclusiva. El derecho natural, bajo el enfoque clásico, se refiere a la posibilidad de captar, mediante el uso de la razón, la naturaleza de las cosas y detectar en ella exigencias irremplazables. Que hay un entramado o núcleo de juridicidad —un *debitum*— en lo más íntimo de la estructura ontológica es una verdad que se desprende del carácter creado del universo; sentido, realidad creada y naturaleza normativa se copertenecen. A partir de estas ideas, el derecho natural se interpretaría como una suerte de explicitación de los requerimientos de justicia que dimanan de la naturaleza humana.

El derecho natural es un derecho racional y eso indica que no se puede reducir ni considerar como mero resultado de una formulación ideológica; antes bien, todo hombre, mediante el ejercicio de su razón, puede alcanzar las verdades que abriga. Asimismo, las exigencias naturales de justicia poseen pretensiones universalistas, ya que los seres humanos comparten una misma esencia. Este rasgo es muy relevante si se recuerda que el patriotismo constitucional de Habermas tenía como objetivo superar las diferencias culturales. En este sentido, la reivindicación del derecho natural resulta coherente con la racionalidad ampliada y es una de las expresiones de la universidad de esta. Por último, el derecho natural es personal, pues refleja las exigencias de la naturaleza humana.

La distancia que existe entre la concepción de Habermas y la de Ratzinger tiene que ver sobre todo con el trasfondo metafísico que subyace a sus diversos planteamientos. Mientras que, para el primero, la naturaleza y la realidad se presentan como materia bruta, empírica, sin sentido y, por tanto, de ellas no arranca exigencia alguna, para Ratzinger la razón es una potencia que permite desentrañar la esencia de lo real y conocer sus requerimientos:

> El derecho natural —habla Ratzinger— ha seguido siendo —sobre todo en la Iglesia católica— el argumento con el cual

se apela a la razón común en el diálogo con la sociedad laica y con las demás comunidades religiosas y se buscan las bases para un entendimiento sobre los principios éticos del derecho en una sociedad laica y pluralista. [...] La idea del derecho natural presuponía un concepto de naturaleza en el que la naturaleza y la razón se entrelazaban y en el que la naturaleza misma era racional[111].

En conclusión, aunque Habermas busca abrir la razón, resulta más abarcadora la propuesta del que fuera prefecto, entre otras cosas porque, en primer término, el heredero de los frankfurtianos «politiza» en exceso la naturaleza humana, negándose a admitir realidades prepolíticas, y, segundo, porque con las ideas de Ratzinger se pueden sortear las posibles manipulaciones de los procesos democráticos y discursivos. Aceptando las exigencias normativas de la naturaleza humana, como proponía el Papa alemán, no hay que confiar en que la razón, en los discursos, se invente creativamente supuestos derechos. La misión es descubrir que «el hombre es un portador de valores y normas que hay que buscar», señala.

Para Ratzinger, pues, el Estado de Derecho no se puede sustentar en el vacío. El proceso democrático, e incluso el discurso racional, requiere unos determinados valores morales. Por ejemplo, hay concepciones que no son resultado de un acuerdo racional en las democracias, sino que constituyen la base de su posibilidad. ¿No resultan incuestionables los derechos humanos? Más allá de si estos se encuentran positivizados, los principios de justicia son mandatos sustantivos, valores innegociables en cualquier sistema. Y ello no es nada vergonzoso, sino una suerte, pues permite enjuiciar la política cotidiana y determinar cuándo se traspasan los umbrales de lo inhumano o se vulnera la dignidad personal.

---

111 J. Habermas y J. Ratzinger, *Entre razón y religión, op. cit.*, pp. 46 y 47.

La aceptación de la base discursiva y convencional no solventa los problemas actuales y, por tanto, para Ratzinger el modelo de racionalidad habermasiano tiene debilidades significativas. Y es que, a pesar de la importancia que tiene la comunicación entre los ciudadanos y de la correlación entre lenguaje y pensar, el discurso no es constitutivo ni de la verdad, ni del bien ni del derecho; estos no dependen del consenso, sino que es este último el que, en todo caso, certifica la existencia de una verdad, un bien o un derecho previos.

## EL ARTIFICIO CONTRACTUALISTA

La democracia tiene por fortuna un «núcleo no relativista». Señala Ratzinger:

> Un fundamento de verdad —de verdad en sentido moral— resulta imprescindible para la supervivencia misma de la democracia. A este propósito, para no entrar en conflicto con la idea de tolerancia y con el relativismo democrático, hoy se habla más gratamente de valores que de verdad. Pero no cabe eludir la cuestión recién planteada mediante este simple desplazamiento al plato terminológico, pues los valores deben su inviolabilidad al hecho de que son realmente valores y, por esto, corresponden a las auténticas exigencias de la naturaleza humana[112].

Esta última salvedad exige distinguir dos concepciones políticas: la contractualista y la no contractualista. La primera sería la de Habermas, pero no solo. Según esta perspectiva, no habría ningún supuesto previo a la convivencia y esta se decidiría de acuerdo con el criterio de la mayoría. Ya indicaba Hobbes que con el pacto advenía el Estado y el derecho y que,

---

112 J. Ratzinger, *El elogio de la conciencia, op. cit.*, p. 56.

con anterioridad a la sujeción al poder del Leviatán, lo único que existía eran individuos aislados, en fiera competencia. En esta postura se sustituye la verdad por la autoridad y la primera deja de ser el foco que alumbra las decisiones de quienes se encargan del bien común. Se vacía de sustancia lo político, que pasa a ser algo meramente formal, un conjunto de reglas que posibilitan la formación de mayorías y la resolución de problemas a través de procedimientos y mecanismos que las reflejan.

Hay otro planteamiento alternativo al contractualismo que limita el margen de maniobra del poder. De acuerdo con esta óptica, hay derechos y vida prepolítica, de modo que no cabe reducir la existencia a lo que sucede en el cuadrilátero de la esfera pública. Uno de los bienes que no es resultado del juego del poder es la verdad: esta precede y da sentido a la autoridad, como afirmó Ratzinger. En contra del absolutismo democrático, el Papa expresó que no son las mayorías las que crean la verdad, sino que es «la verdad lo que posibilita una auténtica praxis [...]. Contra el escepticismo explícito de las teorías relativistas y positivistas, encontramos aquí una confianza fundamental en la razón, en su capacidad de captar y mostrar la verdad»[113].

Uno de los últimos temas tratados en la conversación que mantuvieron Ratzinger y Habermas fue el relacionado con el papel de las creencias en el ágora. Ahí hubo más acuerdos. Según Ratzinger, eliminar la presencia de la fe no solo devalúa la política, sino que supone un verdadero crimen contra la razón, puesto que el Estado no vive exclusivamente de instancias y valores políticos. A ello se añade que la posibilidad de expresar en libertad la fe y las convicciones es esencial para el derecho. Pero sería erróneo colegir de estas ideas que se debe solo tolerar que las personas practiquen sus cultos. La relación

---

113 J. Ratzinger, *Verdad, valores, poder*, Rialp, Madrid, 2017, p. 61.

entre religión y ámbito público es más radical y esencial y desborda lo que se supone que es el deber de respeto mutuo. Implica correlación. Si se condiciona esta última y se cortocircuitan los vínculos, cejarán los beneficios. Con la reaparición de la religión en la esfera pública, se puede sanar el fundamentalismo religioso, ya que las creencias tienen que esforzarse por recurrir a la razón para presentar su fe y defenderla en la esfera pública, buscando razones que compartan todos. También la presencia de lo religioso resulta positiva para el flanco político o profano, pues exige que este se «ilustre» y nutra con el rico legado de las tradiciones nacidas a la luz de las diferentes culturas religiosas.

Ratzinger intentó a lo largo de sus numerosas intervenciones promover la relación entre razón y fe en el ámbito público. Habermas —ya lo hemos señalado— ha coincidido con él y ha ido paulatinamente venciendo sus resistencias ante la revelación. Eso no significa que acepte las verdades religiosas, pero sí entiende que la creencia puede servir para fundar mejor la razón moral. Tampoco está de acuerdo en que lo religioso deba presentarse de forma directa: entiende que, si han de hacer acto de presencia en la plaza pública, las religiones han de aceptar ciertas exigencias. Así, exhorta a los creyentes para que traduzcan el contenido de la revelación a un lenguaje secular, con el fin de que se pueda aprovechar cívicamente todo su potencial.

A Habermas la persistencia de la religión en un horizonte posmetafísico le ha llevado a repensar no solo la teoría de la modernidad como secularización, sino a reconocer de un modo más explícito la contribución filosófica del cristianismo en temas como la dignidad de la persona, la igualdad, el derecho... Aunque el Estado liberal es neutral frente a las convicciones de sus ciudadanos, no debe desoír a quienes se apoyan en la fe. Como Ratzinger, Habermas confía al final en la religión para sacar al Estado posmoderno de su crisis.

# FUTURO CON ESPERANZA

La preocupación por la persona ha atravesado la obra de Ratzinger, cuyas consideraciones acerca del ser personal no se limitan a proteger su dignidad. Para un teólogo —para alguien con las dotes especulativas del antiguo pontífice—, la defensa del ser humano está inextricablemente unida a la aclaración de su estatuto ontológico. Sobre la persona, sin embargo, el ínclito profesor de teología no se ocupó únicamente en sus últimos años: como comentaba en una de sus primeras entrevistas, *La sal de la tierra*, la profundización en lo que supone el ser personal, además de completar su teología, es la clave de bóveda de su concepción antropológica.

## RATZINGER, PERSONALISTA

La atribución de la condición personal al ser humano parte de la realidad divina, del dogma de la naturaleza personal de Dios. Este, en cuanto amor y creador, se entrega con una generosidad desbordante al hombre; se comunica con él, vela por su existencia, sale a su encuentro. Cabe señalar que Ratzinger se sirve de la noción de persona para transitar entre dos campos de su interés, el teológico y el antropológico, como si se tratara del quicio que une su pasión por la teología con su inquietud por el futuro del ser humano.

El interés de esta parte de la obra de Ratzinger es innegable si se tiene en cuenta que hoy se precisa devolver el prestigio ontológico al género humano, tan amenazado por corrientes animalistas y transhumanistas. Las primeras buscan desleír la frontera que separa a la persona del animal, como si lo que hubiera entre ambos fueran meras diferencias de grado. El peligro del transhumanismo es bien diferente: ansía superar nuestra radical contingencia y aproximarnos a Dios. En cualquiera de los casos se desconoce que el ser humano ocupa un lugar intermedio y que está constituido a imagen y semejanza de Dios. Ahí enraíza su condición de persona, su propia singularidad.

Como personalista, Ratzinger también combate una diferenciación que se antoja inquietante; nos referimos a ciertas ideas, como la de P. Singer, que separa la especie *homo*, una clasificación biológica, de la persona como sujeto de derechos, cualidad que atribuye a aquellos individuos que reúnen una serie de capacidades, como la sentiente. ¿Acaso eso no supondría admitir que determinados miembros del reino animal pueden disfrutar de derechos, mientras se niegan a sujetos humanos con sus sentidos anestesiados? Además de oponerse a absurdos como este y otros parecidos, Ratzinger estima que una de las revelaciones más importantes de la tradición judeocristiana ha sido confirmar que el ser supremo es persona y que todo hombre, sean cuales sean sus atributos, en cuanto criatura, disfruta de la misma preeminencia ontológica. De hecho, una interpretación coherente con ello llevaría a concluir que todo ataque a la dignidad de la persona es una blasfemia, en sentido estricto.

¿Cómo llegó a convencerse el joven Ratzinger de esta enseñanza personalista que abriga el mensaje cristiano? Fue significativa ahí tanto la lectura de san Agustín como el descubrimiento de la corriente personalista en sus años de formación. Podemos hacernos una idea de lo que supuso ese hallazgo si atendemos que lo calificó en su autobiografía como un auténtico «acontecimiento». Esas dos fuentes le ayudaron a revisar los postulados neoescolásticos y a separarse de una teología encorsetada, extremadamente rígida, que había perdido, a fuerza de ser fiel a la sistematicidad, la flexibilidad necesaria para adaptarse tanto a las verdades de la fe como a las naturales. Gracias a esa formación pudo darse cuenta de que lo humano y la persona no son realidades anquilosadas, sino lábiles y plurales, lo que, entre otras cosas, le sirvió para entrenarse en la comprensión de la diferencia. El fruto de esos años formativos se puede enunciar de un modo claro y rotundo: Ratzinger se convenció de que el ser humano es persona porque ha salido de las manos amorosas de Dios.

En un momento de indiferencia religiosa, podría parecer tautológico hablar de persona humana, pero para la teología la persona, en sentido eminente, es, ante todo, Dios. La filosofía cristiana nos enseña que, por analogía, el ser humano se alza para comprender algunos de los atributos de Dios. Estas precisiones sugieren que una adecuada y eficaz defensa de la persona es únicamente posible en un marco teísta.

Sin esa raíz en las personas divinas, podría incurrirse en convencionalismos y cabría interpretar la dignidad del ser humano como fruto de un acuerdo, algo, en cualquier caso, provisional y cambiable. Es la fe cristiana la que dispensa el marco más adecuado para respetar el valor de la vida personal, para reconocer la igualdad de todo ser humano, con independencia de sus condiciones, sin discriminaciones de ningún tipo. No podemos prescindir de esta verdad, menos en un momento en que el avance de las biotecnologías resulta amenazante, un extremo que no se le escapó a Benedicto XVI.

## PERSONA HUMANA, PERSONA DIVINA

En 1966, Ratzinger impartió en Múnich una conferencia dedicada a la cuestión de la persona en el ámbito teológico. Así precisamente tituló su intervención, en la que explicaba que la noción de persona es tal vez una de las más relevantes aportadas por el cristianismo a la cultura secular humana, lo que muestra la riqueza del encuentro entre la razón y la revelación. El concepto de persona dimana de las «preguntas» que se hace el hombre en el contexto de la religión cristiana, de su asombro e inquietud ante la naturaleza de Dios, que se le cruza en el camino del Antiguo Testamento y, de Cristo, en el Nuevo. Para dar respuesta a la actitud de búsqueda que surgió de «modo inmediato con la reflexión sobre la fe, el pensamiento se sirvió de la palabra *prosopon* (persona), hasta entonces sin relevancia filosófica e incluso muy poco usada; le dio un nuevo sentido y abrió una nueva dimensión al pensamiento humano»[114].

La importancia de las disquisiciones sobre la naturaleza de Dios se manifiesta en una diferencia filosófica fundamental: la que distingue la actitud teísta de la deísta. Como muestra la historia de las ideas, la aceptación de la trascendencia absoluta de Dios y su transformación en un principio abstracto es uno de los primeros pasos que conducen al ateísmo. *A sensu contrario*, la apuesta dogmática del cristianismo por el carácter personal de Dios es coherente con la cosmovisión cristiana y con el primado en ella de lo particular y concreto sobre lo abstracto y general. Persona es un logos creador que ama, es decir, un Dios que se presenta, como ilustra la tradición cristiana, como conciencia, libertad y amor. Así interpreta Pablo Blanco lo que supone atribuir a Dios una condición personal: «Dios es, en definitiva, persona(s): verdad y amor —inteligencia y libertad— en grado sumo y personificado, personalizado, hecho persona. Será este un punto de partida del personalismo de Ratzinger: la verdad y el amor como fundamento de la persona, como sus elementos constitutivos»[115]. Un amor con potencia ontológica, creador.

---

114  J. Ratzinger, *Palabra en la Iglesia*, Sígueme, Salamanca, 1976, p. 165.
115  P. Blanco, *La Teología de Joseph Ratzinger, op. cit.*, p. 129.

Pero ¿cuáles son las consecuencias de esta concepción? ¿Por qué resulta tan relevante, tan decisiva? A estas preguntas intenta responder Ratzinger en uno de los apartados de *Introducción al cristianismo*. Que Dios es persona quiere decir que la creación no es fruto de una necesidad ni un determinismo ciego: que no hay ningún demonio de Laplace jugando a condicionar el futuro. Por el contrario, implica la disposición a asumir que el universo es el resultado de la libertad, que esta es «la estructura necesaria del mundo. [...] Un mundo creado y querido en el riesgo de la libertad y del amor no es pura matemática. Es el espacio del amor y, por tanto, de la libertad».

Hasta el momento se ha visto qué quiere decir que Dios es persona. Atribuir carácter personal al hombre permite corregir la visión individualista acerca de la naturaleza humana. Hay dos notas de la concepción personalista que explicitan la relevancia de superar la noción de individuo: la multiplicidad y el carácter relacional.

En cuanto a la multiplicidad, persona hace referencia, en última instancia, a singularidad absoluta. Así también lo señala santo Tomás, para quien lo personal es lo irrepetible, supremo y único. Lo intransferible. A diferencia de lo que señala el individualismo, la persona se inserta en la riqueza de un contexto múltiple, diverso. «Si la persona es algo más que individuo, si lo múltiple es también lo propio y no lo secundario, si existe un primado de lo particular sobre lo general, entonces la unidad no es ni lo único ni lo último, entonces la multiplicidad tiene también su derecho propio y definitivo», señala[116]. Esta tesis apunta, en el campo teológico, al dogma trinitario; en el humano, a la defensa y valoración de la pluralidad.

Por otro lado, la persona es un ser que se comunica, capaz de salir de sí y encontrarse con el otro. El misterio de la Trinidad

---

116 J. Ratzinger, *Teoría de los principios teológicos*, *op. cit.*, p. 202.

revela que la persona sale hacia lo que no es ella. El nosotros divino prepara, de alguna manera, el «nosotros humano». Sin embargo, esta reflexión sobre el hombre y Dios en cuanto relación, que se vertebra sobre la prioridad de la iniciativa divina y su atención al hombre, descubre la libertad y su drama, puesto que el ser humano tiene, en efecto, la opción de volverse, para realizarse en plenitud mediante su encuentro con Dios y el prójimo, o bien darle la espalda, sublevándose contra el amor que se le dona.

## LA FE, ENCUENTRO PERSONAL

Si tanto Dios como el hombre comparten una misma condición, la fe, que articula su relación, constituye el encuentro personal por excelencia. La dimensión de la religión hace acto de presencia en el primer enunciado del Credo: «Creo en ti». Como Dios no está solo y es entrega, éxtasis, y sale de sí, la fe en Cristo es intensamente personalista. En el ámbito de la creencia, la confianza y el amor se identifican y asimilan. Ratzinger se apartó de la concepción meramente intelectualista de la fe y explicó que no consiste tanto en el asentimiento obediente a un conjunto de dogmas que sobrepasan las capacidades naturales como una acción, un encuentro, una realidad, de la que brota un nuevo estilo de vida.

Esto no debe interpretarse como una renuncia a la fe como conocimiento: ya se ha señalado cómo el Papa emérito puso en valor este atributo de la religión. Pero señaló lo siguiente:

> La fe cristiana es mucho más que una opción a favor del fundamento espiritual del mundo. Su enunciado clave no dice «creo en algo», sino «creo en ti». Es encuentro con el hombre Jesús y en ese encuentro experimenta el sentido del mundo como persona. [...] Más aún, no es un puro y simple testigo al que creemos lo que ha visto en una existencia en la que ha

llegado a alcanzar la profundidad de toda la verdad. No. Es la presencia de lo eterno en este mundo. [...] El sentido del mundo es el tú, ese tú que no es un problema que hay que resolver, sino el fundamento de todo; fundamento a su vez que no necesita de ningún otro fundamento[117].

Resulta necesario nuevamente traer a colación la diferencia entre fe y razón, entre teología y filosofía. La primera surge y se orienta gracias a la escucha de la revelación. Por eso, la fe supone un desafío que enriquece la reflexión filosófica, un acicate que amplía los estrechos confines de la razón. Además, mientras que en el caso de la filosofía lo primero es el pensamiento, la búsqueda, para la fe es prioritaria la recepción: la palabra en su caso precede al pensar. Y es que la fe nace de los sentidos: *ex auditu*, y es para la teología —en cuanto reflexión segunda sobre ella— su medida. Desde este punto de vista, aparece como don, un regalo recibido —una virtud teologal que se adquiere en el bautismo—, no producto de la iniciativa del hombre, aunque la respuesta que este da a la llamada de Dios conforma también una de las dimensiones del acto de fe.

Como la fe supera lo cognitivo y constituye un encuentro, el conocimiento que proporciona rebasa el ámbito intelectual, comprometiendo a toda la persona. Pablo Blanco diferencia en la obra de Ratzinger tres niveles en la relación del hombre con Dios: primero, un descubrimiento filosófico de Dios, meramente intelectual. Se trata de un acercamiento que tiene sus limitaciones, pero que está llamado a ser superado por la fe. En segundo lugar, el conocimiento por medio de la fe, donde se descubre que el ser supremo es persona y que tiene lugar, indicaba Ratzinger, cuando el hombre halla al «Tú que le sostiene». Por último, la visión directa de Dios, la *visio* beatífica.

---

117 J. Ratzinger, *Introducción al cristianismo*, op. cit., p. 71.

Estas tres son fases de un mismo itinerario que «se contienen e implican recíprocamente»[118].

Si la fe como encuentro permite superar los riesgos del intelectualismo, evitando una fe no vivida, meramente pensada, por otro, ayuda a sortear la deriva sentimentalista y subjetiva, completamente vacía de contenido cognitivo. Todo lo que soslaye la relación entre la persona humana y divina supone falsificar la vivencia religiosa. Haciendo hincapié en la condición personal de la fe, Ratzinger la «libera de todo posible refugio en teorías y enunciados y la lleva al plano de la confianza. [...] Nuevamente cabe repetir que no creemos porque sea fácil o todo resulte evidente a los sentidos. Creemos porque confiamos y a partir de esa confianza aceptamos lo que se nos dice»[119].

A este respecto, es tan importante creer en el dogma como actuar conforme al mismo; si no se intentara obedecer lo enseñado, podríamos hablar de una fe sin obras, una fe muerta, como advirtió el apóstol Santiago. Al implicar todas las dimensiones de la persona, la fe es conocimiento y vida, verdad y bien. Y es el marco de la conversión donde mejor se percibe el alcance de la fe: encontrarse con Dios transforma al ser humano radicalmente.

> El contexto de la fe es el acto de conversión, el cambio de ser, que pasa de la adoración de lo visible y factible a la confianza en lo invisible —escribía Ratzinger en *Introducción al cristianismo*—. Formalmente la frase «yo creo» se podría traducir así: «yo paso a...; yo acepto». La fe no es, pues, como profesión de fe y por su origen, ni recitar una doctrina, ni aceptar teorías sobre las que no se sabe nada y que por eso mismo trata de afirmar elevando el tono, sino un movimiento de toda la

---

118 P. Blanco, *Joseph Ratzinger. Razón y cristianismo, op. cit.*, p. 80.
119 D. Cardó, *La fe en el pensamiento de Joseph Ratzinger, op. cit.*, p. 40.

existencia humana, [...] conversión, viraje existencial, cambio del ser[120].

Finalmente, como encuentro entre personas, la fe constituye un medio de superar la soledad humana. En ella se superpone la relación del hombre con Dios y la del hombre con sus semejantes. Exige una comunidad y su confesión posibilita la introducción en la comunión de la palabra que se profesa. En ese sentido, está orientada al nosotros, a la Iglesia.

## LA FE EN NUESTRA ERA POSMODERNA

Hasta ahora hemos dado a conocer el diagnóstico que ofreció Ratzinger sobre el mundo moderno y contemporáneo y las fallas o deficiencias que atisbaba en él. Trascendental en su empresa es su explicación del estrechamiento de la razón como consecuencia de la marginación de lo religioso y las consecuencias indeseables que se derivan de ello en todo orden —filosófico, religioso, político, moral o cultural—. Si los individuos y las sociedades se resienten, también el proceso afecta a la Iglesia. ¿No abocaría esto a la desesperanza?

Quizá podría sucumbir al pesimismo alguien que no se alimentara de la fe, pero Ratzinger miraba al mundo con la vista puesta en la trascendencia y confiaba en la fuerza de la gracia. Así lo confirma una de las encíclicas más importantes que escribió durante su pontificado: *Spe salvi*, publicada en 2007, donde se propuso leer los signos de los tiempos para hallar salidas a la crisis posmoderna. Porque el Papa no solo encontró síntomas de descomposición y una razón disminuida: su visión, llena de fe —de amor—, le permitió detectar aspectos positivos y ser más constructivo.

---

120 J. Ratzinger, *Introducción al cristianismo, op. cit.*, p. 77.

«Se nos ofrece la salvación en el sentido de que se nos ha dado la esperanza», explica al comienzo de esa profética encíclica, «una esperanza fiable, gracias a la cual podemos afrontar nuestro presente: el presente, aunque sea un presente fatigoso, se puede vivir y aceptar si lleva hacia una meta, si podemos estar seguros de esta meta y si esta meta es tan grande que justifique el esfuerzo del camino»[121].

Obligados por esta actitud, tras el camino iniciado al comienzo de este ensayo, deberíamos preguntarnos: ¿es posible, en el momento actual, descubrir de nuevo el carácter sanador de la fe y que esta decida auxiliar a la razón, tan enferma desde la Edad Moderna? La contestación a este interrogante ha de partir de un hecho: si Ratzinger se ha destacado por su profundidad en el diagnóstico sobre la racionalidad, también lo ha hecho por su ponderación y equilibrio. A causa de ello, no ha tenido reparos en señalar que la fe tiene ciertos puntos de contacto con la razón moderna y, por tanto, también con la posmoderna. Gracias a esa constatación demuestra la capacidad de su modelo de racionalidad —el vigor de la razón abierta, universalista— para hacer frente a las crisis y estrecheces del entendimiento positivista. No es otro, en definitiva, el concepto de «comprensión» al que aludía ya en sus primeras obras.

En aras de la concreción, ha llegado el momento de referirnos a dos iniciativas que pueden contribuir a ampliar la razón. Y también a acendrar la fe, haciéndola más pura, restando de ella lo que sobra, lo que es superficial o accesorio. Porque la terapia de la razón es también una terapia de la religión, y viceversa. ¿Cuáles son las puntas de lanza de su programa? Se trata, por un lado, del encuentro con otras religiones y, por otro, de los beneficios que puede deparar la pluralidad propia de la cultura posmoderna.

---

121 Benedicto XVI, *Spe salvi, op. cit.*, núm. 1.

Aunque Ratzinger fue crítico con el relativismo que podía comportar el diálogo interreligioso y no estaba de acuerdo en que todas las creencias fueran iguales, ya que eso supondría desligar la fe religiosa de su componente de verdad, reconoció lo beneficioso de su encuentro. Este ha de estar siempre guiado por un valor: el deseo de buscar la verdad, sabiendo que el acceso a la misma, como quedaba implícito en su lema episcopal, se encuentra menos obstaculizado cuando se emprende cooperativamente. Insistamos en ello: la búsqueda conjunta de la verdad no exige la abdicación de la certeza; sucede todo lo contrario, pues el compromiso con lo que uno cree opera como acicate para emprender el viaje con quienes no piensan igual.

La tolerancia propuesta por Ratzinger no precisa que nos abandonemos al relativismo ni es hostil a las convicciones personales; antes bien, incide en la relevancia pública de la verdad. De ese modo, Benedicto XVI, que se encontró con otros líderes religiosos en varios momentos, como en Asís, para defender la paz; fue en 2011 y afirmó que las citas interreligiosas y los debates pueden flexibilizar las estructuras institucionales y servir para que, tanto externa como internamente, las creencias se depuren, distinguiendo lo importante o nuclear de lo superfluo y prescindible. En resumen: el contacto entre distintas cosmovisiones es uno de los caminos que toma la ampliación de la razón, una senda para alcanzar una concepción más fiel de la verdad.

¿Y la razón posmoderna? No puede pasarse por alto que los defensores de la posmodernidad, como Vattimo, aceptan presupuestos y principios con los que Benedicto XVI no puede estar de acuerdo. Pero eso no impide que dialogue con ellos para descubrir puntos de convergencia, sabiendo que quien escucha se puede enriquecer tanto como el que habla. Además, era algo propio de su talante, una exigencia —podríamos decir— que nacía de su anhelo por ampliar la razón: si se desea ensanchar y oxigenar la cultura, hay que partir de lo que piensan los demás.

Todo ello le permitió sostener que en el pluralismo y apertura que postula la razón posmoderna, cabe lo católico. Gracias a ese espacio que la cultura contemporánea deja, el cristianismo puede seguir prestando su luz y ser fiel a su vocación de servir de faro para el hombre y la sociedad. También la actitud posmoderna, más preocupada por la veracidad que por la verdad, puede ayudar a acrisolar, de algún modo, la fe del creyente y hacer que responda de un modo sincero a la llamada divina.

Nos equivocaríamos si supusiéramos que lo dicho en los últimos párrafos desdice lo explicado a lo largo de estas páginas. La apuesta por el diálogo y la capacidad que mostró el Papa alemán, a la hora de reconocer los aciertos de sus contendientes, muestra palmariamente lo que constituye su principal enseñanza: la razón abierta y universal, esa que se dejó fecundar por la fe, está tan convencida de sus posibilidades y su sensibilidad hacia la verdad que es capaz de descubrirla allí donde anide. Con su humilde actitud de escucha y de servicio hacia la verdad, reveló que la auténtica tolerancia y el diálogo no exigen rechazar las convicciones, sino que las sirven, lo cual es muy diferente. Por eso, con energía, exhortó a cristianos y no cristianos, tanto a quien busca infatigablemente la verdad como a quien sostiene o está convencido de que esta depende de puntos de vista subjetivos, a cambiar su actitud. «Tenemos una necesidad de una nueva actitud de búsqueda y también de humildad, que nos permita orientarnos»[122]; si carecemos de ella, no será posible la esperanza, porque toda forma de encuentro humano será eclipsada.

Cabría decir, pues, que Ratzinger puso nuevas tareas al pensar cristiano. Y es que, en efecto, si el cristianismo fue relevante en su momento porque determinó la ampliación de la razón humana, hoy debe de nuevo mostrar su vigor para refundar

---

122  J. Ratzinger, *Fe, verdad y tolerancia, op. cit.,* p. 166.

la cultura, dejándose fecundar, como en sus primeros tiempos, por las semillas de la verdad de la época posmoderna. El optimismo de Ratzinger, su esperanza, le permite interpretar el marco contemporáneo como una auténtica oportunidad para revelar al mundo el valor en sí de la persona.

Pero ¿qué elementos de los que enfatiza la posmodernidad pueden serle útiles a la vieja fe? Ratzinger creía que, a pesar de sus exageraciones, la dimensión afectiva que promueve la posmodernidad abría la fe al amor y la emotividad, extremos que la teología de corte más intelectualista había obviado. Gracias a ello, la religión puede calar más en el individuo de hoy, muchas veces preocupado antes por el consuelo que por las argumentaciones.

La apuesta cristiana por la verdad, su reconocimiento de la verdad absoluta, permite abrigar esperanzas, por tanto, en el futuro posmoderno. «La verdad cristiana sigue teniendo un influjo positivo en todas las culturas y en los sistemas políticos en los que pueda existir. El poder del cristianismo es su verdad», señaló en Ratisbona. Si el cristianismo renuncia a desempeñar este papel en la cultura, será inexorablemente herido de muerte y con él, la persona humana.

> ¿Por qué la fe sigue teniendo hoy día una oportunidad? Yo diría: porque la fe corresponde a la esencia del hombre. Pues el hombre tiene dimensiones más extensas que las que Kant y las diversas filosofías poskantianas ven en ella y están dispuestos a concederle. [...] En el hombre vive inextinguiblemente el anhelo de lo infinito. [...] Por eso, también hoy día la fe volverá a encontrar al hombre. Nuestra tarea es la de servirle con humilde denuedo, con toda la energía de nuestro corazón y nuestro entendimiento.

Explicó Ratzinger en *Fe, verdad y tolerancia*[123].

Los últimos siglos han sido devastadores para la fe cristiana, pero se puede hacer una interpretación positiva de todo lo que ha sucedido. Han liberado al catolicismo de las rémoras de lo accesorio. Ratzinger creía que la fe dejaría de ser monumental: se haría minoritaria, tal vez, pero que, semejante al grano de mostaza, estaría llamada a enriquecer el mundo y dar fruto, dando entrada a Dios y transformando con su poder todas las cosas.

## DE LA RAZÓN AL AMOR

En la teología y la antropología de Ratzinger no existe ninguna contraposición entre racionalidad, logos, y amor. En el marco del cristianismo, la concepción de la razón reclama para sí misma su revelación amorosa sobre el fundamento de las tres personas divinas. Es tan propio para el cristianismo presentar a Dios como Logos, de acuerdo con el comienzo del Evangelio de san Juan, que como Amor, de acuerdo con el mismo texto evangélico. Se trata, por tanto, de dos caras de la misma moneda. De estas cuestiones —de las dimensiones del amor de Dios— se ocupó nuestro autor en uno de los principales textos programáticos de su pontificado, *Caritas in veritate*, una encíclica publicada el 29 de junio de 2009, donde además de dar cuenta del impacto que ha tenido en sus ideas teológicas la caridad y de reclamar el compromiso social del cristiano, recuerda la dimensión creadora y redentora del amor divino.

Ha sido Dios quien ha decidido revelarse como Suma Razón y como Sumo Amor. Y es que, en realidad, no existe contraposición entre ambos, pese a la comprensión que de los dos fenómenos se suele hacer, estableciendo un hiato entre la parte

---

123 *Ibidem*, p. 121.

emocional y la intelectual. También en este caso aparece uno de los motivos por los que la concepción cristiana de la razón se antoja más amplia que la griega, la moderna y la posmoderna.

Hay, de acuerdo con la novedad que presenta la revelación, una superación, concretamente, del platonismo. El logos no se revela como una razón abstracta, formal, sino como amor creador, con su potencia ontológica, difundiendo vida. En efecto, señala Ratzinger, el pensamiento, el logos divino es creador «porque es amor y como amor, es pensamiento»[124]. Al presentar a Dios así, la fe en Cristo no solo da a conocer la racionalidad que gobierna el universo y la capacidad de la inteligencia humana para penetrar en ella, sino la bondad de la creación, su susceptibilidad de ser amado, mostrando en definitiva que la unidad y el fundamento de lo real es tanto la razón divina como su amor. Solo de ese modo se puede comprender la complacencia divina ante la propia creación que se supone en el Génesis: «Y vio Dios que era bueno» (Gn 1, 10).

También desde este punto de vista, la cristiana se presenta distinta de las demás religiones: en otras, si Dios no es razón, tampoco se puede mostrar como amor, como bondad. Con esta novedad, se entiende justamente la encarnación, el misterio en el que Dios, por amor, se hace hombre; es más: se entrega a él, volviendo su mirada hacia la criatura, para salvarla. Por esta razón, es el amor la forma de trato con el Dios que se muestra en su condición personal. En eso consistirá el cristianismo: no en mostrar solo que Dios es persona y que, por tanto, la verdad es también una persona, sino que la propia verdad es amor.

Llegamos, por fin, a la aportación principal: al punto que vertebra la noción de razón. Se trata de haber resaltado la forma en que amor y razón se unen en Dios. Puesto que es el Dios que se descubre ante el ser humano como razón el que

---

124 J. Ratzinger, *Introducción al cristianismo, op. cit.*, p. 115.

exige la ampliación de la racionalidad, en la medida en que es Amor y Persona y, por ello, no mera abstracción. Así explica en *Introducción al cristianismo* esta idea «escandalosa»:

> Desenmascaremos otro prejuicio. Siempre nos parece evidente que lo infinitamente grande, el espíritu absoluto, no puede ser ni sentimiento ni pasión, sino pura matemática del todo. Afirmamos, aunque sin darnos cuenta, que el puro pensar es más grande que el amor, mientras que el evangelio y la idea cristiana de Dios corrigen a la filosofía y nos hacen ver lo contrario, que el amor es más grande que el puro pensar. El pensar absoluto es un amor, no una idea insensible, sino creadora, porque es amor[125].

La concepción del ser supremo determina y condiciona, como es lógico, la antropología ratzingeriana y lleva al teólogo alemán a restaurar la unidad entre cuerpo y espíritu, intelecto y voluntad, separada por las concepciones dualistas. Por otro lado, frente al paganismo, que concebía el amor como posesión (eros), el Dios cristiano es Caridad, y se desborda en su entrega.

El amor de Dios es un amor total, pero sobre todo un amor, como hemos ya señalado, que da vida. Es a este amor al que hace referencia el misterio de la resurrección de Cristo y la esperanza en la resurrección del hombre. La cualidad del amor es su llamada a permanecer, su constancia; en definitiva, su vocación de eternidad. Como el amor reclama perpetuidad, no puede ser el amor de la criatura, amenazada de destrucción, el único sostén. Debe ser Dios el que satisfaga el anhelo de eternidad de la persona.

> El desarrollo del amor hacia sus más altas cotas y su más íntima pureza conlleva el que ahora aspire a lo definitivo, y

---

125 *Ibidem*, p. 115.

esto en un doble sentido: en cuanto implica exclusividad —solo esta persona—, y en el sentido del «para siempre». El amor engloba la existencia entera y en todas sus dimensiones, incluido también el tiempo. No podría ser de otra manera, puesto que su promesa apunta a lo definitivo: el amor tiende a la eternidad. Ciertamente, el amor es «éxtasis», pero no en el sentido de arrebato momentáneo, sino como camino permanente, como un salir del yo cerrado en sí mismo hacia su liberación en la entrega de sí y, precisamente de este modo, hacia el reencuentro consigo mismo, más aún, hacia el descubrimiento de Dios[126].

Es también el amor cristiano, purificado por la caridad, lo que lleva a la persona a responder a la iniciativa gratuita de Dios y a entregarse desinteresadamente a sus hermanos, al prójimo. Ese amor también tiene, como ilustra *Caritas in veritate*, su origen en Dios: «Amor eterno y verdad absoluta». Por este motivo, Ratzinger ha insistido en que el primer deber de la caridad, del amor auténtico, es la verdad.

Este recorrido por las bases del pensamiento filosófico de J. Ratzinger nos ha llevado al descubrimiento de la auténtica esencia y radicalidad de la razón abierta: la apertura de la racionalidad es posible únicamente asumiendo el sentido de la revelación cristiana y llevando hasta sus últimas consecuencias la tesis que ilumina las obras de Ratzinger; en definitiva, descubriendo en el amor de Dios la unidad de la Verdad, el Bien y la Belleza.

---

126 Benedicto XVI, *Deus caritas est, op. cit.,* núm. 6.